中国出版"走出去"重点图书出版计划立项
北大主干基础课教材立项
北大版商务汉语教材·新丝路商务汉语速成系列

# 新丝路
## New Silk Road Business Chinese
### 高级速成商务汉语 I

李晓琪　主编
李海燕　编著

北京大学出版社
PEKING UNIVERSITY PRESS

## 图书在版编目(CIP)数据

新丝路:高级速成商务汉语 I / 李晓琪主编;李海燕编著. —北京:北京大学出版社,2009.9
(北大版商务汉语教材·新丝路商务汉语速成系列)

ISBN 978-7-301-13721-5

Ⅰ. 新… Ⅱ. ①李… ②李… Ⅲ. 商务–汉语–对外汉语教学–教材 Ⅳ. H195.4

中国版本图书馆 CIP 数据核字(2008)第 058506 号

| | |
|---|---|
| 书　　　　名: | 新丝路——高级速成商务汉语 I |
| 著作责任者: | 李晓琪　主编　李海燕　编著 |
| 责 任 编 辑: | 欧慧英 |
| 标 准 书 号: | ISBN 978-7-301-13721-5/H·1977 |
| 出 版 发 行: | 北京大学出版社 |
| 地　　　　址: | 北京市海淀区成府路 205 号　100871 |
| 网　　　　址: | http://www.pup.cn |
| 电　　　　话: | 邮购部 62752015　发行部 62750672　编辑部 62753374　出版部 62754962 |
| 电 子 邮 箱: | zpup@pup.pku.edu.cn |
| 印　　刷　者: | 河北博文科技印务有限公司 |
| 经　　销　者: | 新华书店 |
| | 889 毫米×1194 毫米　大 16 开　8.75 印张　234 千字 |
| | 2009 年 9 月第 1 版　2025 年 1 月第 8 次印刷 |
| 定　　　　价: | 48.00 元(含 1 张 MP3) |

未经许可,不得以任何方式复制或抄袭本书之部分或全部内容。
版权所有,侵权必究　举报电话:010-62752024
　　　　　　　　　　　电子邮箱:fd@pup.pku.edu.cn

# 总 序

近年来，随着中国经济的持续快速发展，中国与其他国家贸易交流往来日益密切频繁，中国在国际社会的政治经济和文化影响力日益显著，与此同时，汉语正逐步成为一个重要的世界性语言。

与此相应，来华学习汉语和从事商贸工作的外国人成倍增加，他们对商务汉语的学习需求非常迫切。近年来，国内已经出版了一批有关商务汉语的各类教材，为缓解这种需求起到了很好的作用。但是由于商务汉语教学在教学理念及教学方法上都还处于起步、探索阶段，与之相应的商务汉语教材也在许多方面都存在着进一步探索和提高的空间。北京大学对外汉语教育学院自2002年起受中国国家汉语国际推广领导小组办公室的委托，承担中国商务汉语考试（BCT）的研发，对商务汉语的特点及教学从多方面进行了系统研究，包括商务汉语交际功能、商务汉语交际任务、商务汉语语言知识以及商务汉语词汇等，对商务汉语既有宏观理论上的认识，也有微观细致的研究；同时学院拥有一支优秀的多年担任商务汉语课程和编写对外汉语教材的教师。为满足社会商务汉语学习需求，在认真研讨和充分准备之后，编写组经过3年的努力，编写了一套系列商务汉语教材，定名为——新丝路商务汉语教程。

本套教程共22册，分三个系列。

系列一，综合系列商务汉语教程，8册。本系列根据任务型教学理论进行设计，按照商务汉语功能项目编排，循序渐进，以满足不同汉语水平的人商务汉语学习的需求。其中包括：

初级2册，以商务活动中简单的生活类任务为主要内容，重在提高学习者从事与商务有关的社会活动的能力；

中级4册，包括生活类和商务类两方面的任务，各两册。教材内容基本覆盖与商务汉语活动有关的生活、社交类任务和商务活动中的常用业务类任务；

高级2册,选取真实的商务语料进行编写,着意进行听说读写的集中教学,使学习者通过学习可以比较自由、从容地从事商务工作。

系列二,技能系列商务汉语教程,8册,分2组。其中包括:

第1组:4册,按照不同技能编写为听力、口语、阅读、写作4册教材。各册注意突出不同技能的特殊要求,侧重培养学习者某一方面的技能,同时也注意不同技能相互间的配合。为达此目的,技能系列商务汉语教材既有分技能的细致讲解,又按照商务汉语需求提供大量有针对性的实用性练习,同时也为准备参加商务汉语考试(BCT)的人提供高质量的应试培训材料。

第2组:4册,商务汉语技能练习册。其中综合练习册(BCT模拟试题集)2册,专项练习册2册(一本听力技能训练册、一本阅读技能训练册)。

系列三,速成系列商务汉语教程,6册。其中包括:

初级2册,以商务活动中简单的生活类任务为主要内容,重在提高学习者从事与商务有关的社会活动的能力;

中级2册,包括生活类和商务类两方面的任务。教材内容基本覆盖与商务汉语活动有关的生活、社交类任务和商务活动中的常用业务类任务;

高级2册,选取真实的商务语料进行编写,着意进行听说读写的集中教学,使学习者通过学习可以比较自由、从容地从事商务工作。

本套商务汉语系列教材具有如下特点:

1. 设计理念新。各系列分别按照任务型和技能型设计,为不同需求的学习者提供了广泛的选择空间。

2. 实用性强。既能满足商务工作的实际需要,同时也是BCT的辅导用书。

3. 覆盖面广。内容以商务活动为主,同时涉及与商务活动有关的生活类功能。

4. 科学性强。教材立足于商务汉语研究基础之上,吸取现有商务汉语教材成败的经验教训,具有起点高、布局合理、结构明确、科学性强的特点,是学习商务汉语的有力助手。

总之,本套商务汉语系列教材是在第二语言教材编写理论指导下完成的一套特点鲜明的全新商务汉语系列教材。我们期望通过本套教材,帮助外国朋友快速提高商务汉语水平,快速走进商务汉语世界。

新丝路商务汉语系列教材编写组
于北京大学勺园

# 新丝路商务汉语系列教材总目

| 新丝路商务汉语综合系列 | 李晓琪 | | 主编 | |
|---|---|---|---|---|
| 新丝路初级商务汉语综合教程 I | | 章 欣 | 编著 | |
| 新丝路初级商务汉语综合教程 II | | 章 欣 | 编著 | |
| 新丝路中级商务汉语综合教程(生活篇) I | | 刘德联 | 编著 | |
| 新丝路中级商务汉语综合教程(生活篇) II | | 刘德联 | 编著 | |
| 新丝路中级商务汉语综合教程(商务篇) I | | 蔡云凌 | 编著 | |
| 新丝路中级商务汉语综合教程(商务篇) II | | 蔡云凌 | 编著 | |
| 新丝路高级商务汉语综合教程 I | | 韩 曦 | 编著 | |
| 新丝路高级商务汉语综合教程 II | | 韩 曦 | 编著 | |

| 新丝路商务汉语技能系列 | 李晓琪 | | 主编 | |
|---|---|---|---|---|
| 新丝路商务汉语听力教程 | | 崔华山 | 编著 | |
| 新丝路商务汉语口语教程 | | 李海燕 | 编著 | |
| 新丝路商务汉语阅读教程 | | 林 欢 | 编著 | |
| 新丝路商务汉语写作教程 | | 林 欢 | 编著 | |
| 新丝路商务汉语考试阅读习题集 | | 李海燕 | 编著 | |
| 新丝路商务汉语考试听力习题集 | | 崔华山 | 编著 | |
| 新丝路商务汉语考试仿真模拟试题集 I | | 李海燕 | 林 欢 | 崔华山 编著 |
| 新丝路商务汉语考试仿真模拟试题集 II | | 李海燕 | 崔华山 | 林 欢 编著 |

| 新丝路商务汉语速成系列 | 李晓琪 | 主编 |
|---|---|---|
| 新丝路初级速成商务汉语 I | 蔡云凌 | 编著 |
| 新丝路初级速成商务汉语 II | 蔡云凌 | 编著 |
| 新丝路中级速成商务汉语 I | 崔华山 | 编著 |
| 新丝路中级速成商务汉语 II | 崔华山 | 编著 |
| 新丝路高级速成商务汉语 I | 李海燕 | 编著 |
| 新丝路高级速成商务汉语 II | 李海燕 | 编著 |

# 编写说明

  本套教材分上下2册,每册8课。选取真实的商务语料进行编写,着意进行听说读写的集中教学,使学习者通过学习可以比较自由、从容地运用汉语从事商务工作。

  每课内容包括一篇主题课文及与课文内容相关的"听、读、说、写"和"综合运用"等几个部分。其中主题课文和"听一听"、"读一读"部分属于语言材料输入部分,"听一听"和"读一读"的材料尽量重现主题课文中的商务词汇和表达方式并适当补充一些新的相关词语。"说一说"和"写一写"部分属于语言输出部分,基本上没有新的文章和生词,主要是培养学生运用前面输入的词汇和语言材料进行输出练习。"综合运用"部分是综合性的任务练习,需要学生在课外综合运用本课学习的语言技能去完成一项与商务有关的任务和活动。另外,每课还有"商务背景知识链接"和部分练习的参考答案。

  本套教材每课的生词量控制在60个左右,包括主题课文、听和读三个部分的生词。每册生词为500个左右。因为可能有很多学习者并不是先学完了上册才学下册,所以小部分重要的商务词语虽然在上册出现过,但仍在下册生词表中列出。为了帮助学生更好地掌握最常用的商务词汇,在教材编写过程中,十分注意选择《商务汉语考试(BCT)大纲》中附录的商务汉语词语表一和表二的词汇。本套教材在生词表中列出的约1000个生词中,有68%以上是商务汉语词语表一和表二中的词汇。另外需要说明的是,除了列出的生词表外,在句型讲练、课后练习、说一说、写一写和综

## 编写说明

合运用中还有少量商务生词,采取随文注释的方法帮助学习者理解学习。这部分词语中也有不少是商务汉语词语表一和表二中的词汇。

本套教材内容比较丰富,每课内容全部学完大概需要8—10个课时。由于每课的内容是由很多个小环节组成的,教师在教学中可以根据学生水平和实际教学要求有所取舍。很多练习可以放到课外由学生分组完成,在课堂上教师只需检查学生学习成果。"商务背景知识链接"仅供师生参考,可不作为教学内容。

编者

# 目 录

第一课　开业大吉——企业注册及企业介绍 ················· 1

第二课　芝麻开门——银行利率及投资、贷款 ················ 16

第三课　合作共赢——企业招商、加盟 ··················· 31

第四课　伯乐与千里马——招聘、应聘 ··················· 44

第五课　家和万事兴——福利、待遇 ···················· 59

第六课　众人拾柴火焰高——团队、培训 ·················· 72

第七课　更上一层楼——述职、提职 ···················· 86

第八课　自主创新——产品与品牌 ····················· 98

"听一听"录音文本 ···························· 110

练习参考答案 ······························· 115

生词总表 ································ 124

# 第一课

## 开业大吉
—— 企业注册及企业介绍

**课文**

## 如何注册成立企业？

现在，也许你想着如何开始你自己的生意，做你自己的老板。

有些事情开业前你必须要考虑，比如，新公司如何选址？去哪里审批？怎样注册？当你的公司进入实际筹备阶段时，有些情况是必须要了解的。

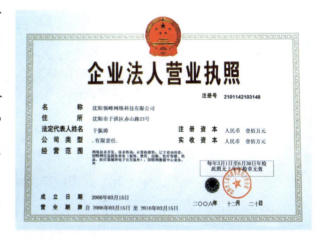

一、有限责任公司注册底线

（1）最低注册资本10万元人民币。

（2）股东出资达到法定资本最低限额：以生产经营和商品批发为主的公司需50万元人民币以上；以商品零售为主的公司需30万元人民币以上；科技开发、咨询、服务公司需10万元人民币以上。

（3）有固定的生产经营场所和必要的生产经营条件。

二、注册步骤

步骤一，到市工商局（或当地区、县工商局）企业登记窗口咨询，领取注册登记相关表格。

步骤二，到银行开设临时账户，股东将入股资金划入临时账户。

步骤三，到有资格的会计师事务所办理验资证明。

# 新丝路——高级速成商务汉语 I
## XINSILU GAOJI SUCHENG SHANGWU HANYU I

步骤四,将备齐的注册登记资料交工商局登记窗口初审。

步骤五,按约定时间到工商局领取营业执照,缴纳注册费。

 词 语

| | | | | |
|---|---|---|---|---|
| 1. 开业 | kāi yè | （动） | start business |
| 2. 企业 | qǐyè | （名） | enterprise |
| 3. 注册 | zhù cè | （动） | register |
| 4. 老板 | lǎobǎn | （名） | boss; manager; patron |
| 5. 审批 | shěnpī | （动） | examine and approve |
| 6. 筹备 | chóubèi | （动） | prepare and plan; arrange |
| 7. 有限责任公司 | yǒuxiàn zérèn gōngsī | | limited liability company |
| 8. 资本 | zīběn | （名） | capital; assets |
| 9. 股东 | gǔdōng | （名） | shareholder |
| 10. 限额 | xiàn'é | （名） | limitation; quota |
| 11. 经营 | jīngyíng | （动） | operate; run; engage in |
| 12. 批发 | pīfā | （动） | wholesale |
| 13. 零售 | língshòu | （动） | retail |
| 14. 咨询 | zīxún | （动） | consult |
| 15. 场所 | chǎngsuǒ | （名） | place; arena |
| 16. 步骤 | bùzhòu | （名） | step |
| 17. 工商局 | gōngshāngjú | | bureau of commerce and industry |
| 18. 表格 | biǎogé | （名） | form |
| 19. 临时 | línshí | （形） | occasional; temporary; casual |
| 20. 账户 | zhànghù | （名） | account |
| 21. 入股 | rù gǔ | （动） | become a shareholder |
| 22. 资金 | zījīn | （名） | fund; financial resource |
| 23. 划入 | huàrù | （动） | assign; transfer |
| 24. 资格 | zīgé | （名） | qualification; seniority |
| 25. 会计师事务所 | kuàijìshī shìwùsuǒ | | Certified Public Accountant office |

第一课　开业大吉

26. 营业执照　yíngyè zhízhào　　　　　business license
27. 缴纳　　　jiǎonà　　　　　　（动）pay; hand over

句型

1. 当你的公司进入实际筹备阶段时，有些情况是必须要了解的。
　　"进入……阶段"表示事物发展到某个时期。

> 例：(1) 随着新学期的开始，各IT厂商也进入了暑假促销(sales promotion)的最后阶段，数码(digital)产品全面降价。
> (2) 新产品的销售量进入高速增长阶段。
> (3) 新技术的研发进入最后的测试阶段。
> (4) 当贸易谈判(negotiation)进入签约(sign the contract)阶段时，要特别小心。

练习：用括号中的词语完成对话：
A：听说你自己开了一家公司，现在发展得怎么样？
B：_____。(进入……阶段)

2. 以生产经营和商品批发为主的公司需50万元人民币以上。
　　"以……为……"意思是"把……当做……"，如"以胖为美、以公司为家、以课文为例、物以稀为贵"等。

> 例：(1) 这是一张以公司大楼为背景的全体员工合影照片。
> (2) 我们的服务一定要以客户为中心。
> (3) 我们要举办一次以环境保护为主题的销售活动。
> (4) 中远公司是以航运和物流(transport)为主业的跨国企业(transnational company)集团(group)。

练习：用括号中的词语完成对话：
A：这次会议的重点是什么？
B：_____。(以……为重点)

3. 按约定时间到工商局领取营业执照。
　　介词"按"表示按照、依照。

> 例：(1) 你就按经理说的办法去做，肯定没问题。
> (2) 我们的产品是按合同规定的标准(standard; criterion)生产的。

3

(3) 按我们的计划,这个星期应该完成2000件衬衫的销售任务。
(4) 按公司的规定,上班迟到是要扣(deduct)奖金(bonus)的。

练习:用括号中的词语完成对话:
A:宣传手册上的公司名称怎么排列?
B:_____。(按……顺序进行排列)

☆练习☆

一、理解"业"和"资"两个字的意思,联想组词,可以查词典:

二、从课文中找出与下面词义对应的词语:
1. 开始业务——开业
2. 审查批准——
3. 选择地址——
4. 法律规定的——
5. 限定的额度——
6. 科学技术——
7. 拿出一笔钱——
8. 检验资产——
9. 准备齐全——
10. 第一次审查——

三、选词填空:

| 筹备 | 资金 | 批发 | 零售 | 股东 |
| 审批 | 经营 | 开发 | 领取 | |

1. 员工们按月(　　)工资。
2. 这家企业(　　)得很好,所以我购买了该公司的股票(stock)。
3. 这个新项目必须要先拿到公司董事会(board of directors)去(　　)。
4. 中国改革开放后,很多外国企业到中国投资(invest),中国市场吸引了大量(　　)。
5. 公司要想发展,必须(　　)新产品。
6. 为了讨论公司的发展计划,公司召开了(　　)大会。
7. 这种商品的(　　)价是220元,(　　)价是280元。
8. 那家中外合资的股份(share)制有限责任公司经过两年的(　　),终于开业了。

第一课　开业大吉

**四、参考括号里的词语完成对话：**

1. A：请问您现在在哪个单位？做什么工作呢？
   B：＿＿＿＿＿＿＿＿＿＿＿＿＿＿＿＿＿＿。（生意　老板）
2. A：你们打算要成立分公司的事儿进行得怎么样了？
   B：＿＿＿＿＿＿＿＿＿＿＿＿＿＿＿＿＿＿。（进入……阶段）
3. A：你们公司主要是做哪方面的生意啊？
   B：＿＿＿＿＿＿＿＿＿＿＿＿＿＿＿＿＿＿。（以……为主）
4. A：一般企业的注册资金需要多少？
   B：＿＿＿＿＿＿＿＿＿＿＿＿＿＿＿＿＿＿。（达到　限额）
5. A：到工商局进行企业注册需要准备哪些材料？
   B：＿＿＿＿＿＿＿＿＿＿＿＿＿＿＿＿＿＿。（按　相关）

**听一听** （录音文本见本书第110页）

**词语**

| | | | | |
|---|---|---|---|---|
| 1. | 主任 | zhǔrèn | （名） | director head |
| 2. | 办理 | bànlǐ | （动） | handle; conduct; do; transact |
| 3. | 手续 | shǒuxù | （名） | procedures; formality |
| 4. | 恭喜 | gōngxǐ | （动） | congratulations |
| 5. | 买卖 | mǎimai | （名） | buying and selling; deal; business |
| 6. | 打交道 | dǎ jiāodao | （动） | make dealings with |
| 7. | 业务 | yèwù | （名） | business activities |
| 8. | 进出口 | jìnchūkǒu | | imports and exports |
| 9. | 贸易 | màoyì | （名） | trade |
| 10. | 名片 | míngpiàn | （名） | visiting card, calling card |
| 11. | 合资 | hézī | （动） | joint investment |
| 12. | 股份 | gǔfèn | （名） | stock; share |
| 13. | 董事长 | dǒngshìzhǎng | （名） | board chairman |
| 14. | 投资 | tóuzī | （动、名） | invest; investment |
| 15. | 员工 | yuángōng | （名） | employees; staff |
| 16. | 兴隆 | xīnglóng | （形） | prosperous; flourishing; thriving |
| 17. | 拜访 | bàifǎng | （动） | visit |

# 新丝路——高级速成商务汉语 I
## XINSILU GAOJI SUCHENG SHANGWU HANYU I

一、听录音,选择正确的答案:

1. 李女士现在的身份(status)是什么?
   A. 某服装贸易公司经理　　B. 友联合资公司董事长
   C. 法国某公司员工　　　　D. 某服装厂老板

2. 李女士今天到工商局来做什么?
   A. 找张主任帮忙　　　　　B. 领取营业执照
   C. 办理公司注册手续　　　D. 邀请张主任参加开业典礼(celebration)

3. 关于李女士的公司,正确的是:
   A. 刚开业不久　　　　　　B. 是中法合资股份有限责任公司
   C. 目前缺少资金　　　　　D. 主要经营服装加工业务

二、听录音,判断正误:

1. 李女士原来的公司倒闭(bankrupt)了。　　　　　(　　)
2. 张主任是李女士原来的老板。　　　　　　　　　(　　)
3. 李女士做服装进出口生意很有经验。　　　　　　(　　)
4. 李女士的公司是一家规模很大的跨国公司。　　　(　　)
5. 李女士刚刚领取了营业执照。　　　　　　　　　(　　)

三、选择"请教"或者"指教"填空:

1. 这是我的名片,请多(　　　　)。
2. 我想(　　　　)你一件事,注册企业一般要办理哪些手续?
3. 王经理销售经验很丰富,你有什么问题要多向他(　　　　)。
4. 我在工作中如果有什么做得不对的地方,还请您多(　　　　)。
5. A: 这个问题还得请教您。
   B: (　　　　)不敢当,有什么问题咱们一起讨论吧。

四、熟读下面的句子,并注意一般在什么时候使用这些句子:

1. 好久不见了,最近忙什么呢?
2. 自己当老板啦!恭喜恭喜!
3. 哪里哪里!只是一点儿小买卖。
4. 以后肯定少不了和工商局打交道,有很多事还要向张主任请教。
5. 你们公司主要做什么业务啊?
6. 这是我的新名片,您多指教。
7. 祝贵公司生意兴隆!
8. 到时候一定去。
9. 改天咱们再联系吧。
10. 那您有事先忙,以后再专门去拜访您!

# 第一课　开业大吉

## 读一读

### 真爱服饰有限公司简介

真爱服饰有限公司是一家专业从事服饰设计、生产和销售的独资企业，创建于1982年，位于青岛市中心。公司总资产达数千万元，占地面积15000多平方米，现有8000平方米的现代化标准厂房，600多名高素质的生产技工和一支集设计、营销、管理为一体的优秀团队。年销售收入2.26亿元，公司拥有各类针织设备800多台。"真爱"品牌以"时尚、经典"为设计理念，追求面料、工艺、款式的高品质，适合25—40岁的白领女性。产品远销日本、欧美、东南亚、香港等三十几个国家和地区，并在波兰、俄罗斯、南非设有自己的销售网点。目前，公司正致力于强化内部管理，以设计时尚、面料高贵、工艺精湛为品牌特点进一步拓展市场。

公司组织机构（organization structure）

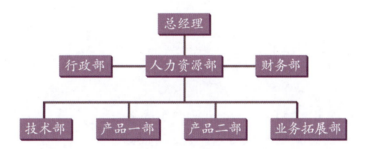

## 词语

| | | | |
|---|---|---|---|
| 1. 销售 | xiāoshòu | （动） | sell; market |
| 2. 独资 | dúzī | （形） | single proprietorship |
| 3. 创建 | chuàngjiàn | （动） | found; establish |
| 4. 资产 | zīchǎn | （名） | assets |
| 5. 厂房 | chǎngfáng | （名） | factory workshop |
| 6. 素质 | sùzhì | （名） | quality; diathesis |
| 7. 营销 | yíngxiāo | （动） | marketing |
| 8. 管理 | guǎnlǐ | （动、名） | manage; management; administer |
| 9. 团队 | tuánduì | （名） | team |
| 10. 设备 | shèbèi | （名） | facilities; equipment |
| 11. 品牌 | pǐnpái | （名） | brand |

| 12. 时尚 | shíshàng | （形、名） | fashion |
|---|---|---|---|
| 13. 理念 | lǐniàn | （名） | ideal; concept |
| 14. 面料 | miànliào | （名） | material for making clothes |
| 15. 工艺 | gōngyì | （名） | technology; craft |
| 16. 款式 | kuǎnshì | （名） | pattern; style; design |
| 17. 品质 | pǐnzhì | （名） | character; quality |
| 18. 白领 | báilǐng | （名） | white collar |
| 19. 网点 | wǎngdiǎn | （名） | a particular unit which is a part of a whole service system |
| 20. 致力 | zhìlì | （动） | devote one's energy to; work for |
| 21. 精湛 | jīngzhàn | （形） | consummate |
| 22. 拓展 | tuòzhǎn | （动） | expand |

 句　型

1. (公司)创建于1982年，位于青岛市中心。
   介词"于"意思是"在"。

> 例：(1) 黄河发源(originate)于青海省。
> (2) 客户代表将于下周三抵达北京。
> (3) 这是流传于年轻消费者中间的一句话。
> (4) 中网高科有限公司成立于2001年，是国际知名互联网服务提供商。

练习：用括号中的词语完成对话：

A：这篇文章发表了吗？

B：_____。（发表于……）

2. 一支集设计、营销、管理为一体的优秀团队。
   "集……为一体"意思是"把……集中起来成为一个整体"。

> 例：(1) 这个公园集旅游、娱乐为一体。
> (2) 这是一座集商铺、住宅为一体的大楼。
> (3) 北京东方爱家环境艺术中心是一家集装修(fit up a house)、保洁为一体的公司。
> (4) 这是集电视、相册、MP3、录音机和移动硬盘等功能为一体的最新款MP4。

第一课　开业大吉

练习：用括号中的词语完成对话：
　　A：这台传真机可以打印、复印吗？
　　B：_____。（集……为一体）

3. 公司正致力于强化内部管理。
　　"致力于……"意思是"把力量用在……方面"。

> 例：（1）他一生致力于科学研究工作。
> （2）中国足球协会(association)正致力于青少年足球的发展。
> （3）中国财政(public finance)致力于解决农村家庭教育养老医疗等难题。
> （4）多年来公司技术部门一直致力于研发新技术，提高产品质量。

练习：用括号中的词语完成对话：
　　A：这里的交通情况最近几年好转了吗？
　　B：_____。（致力于……）

☆练习☆

一、从课文中找出与下面词义对应的词语：
1. 服装饰品——服饰
2. 技术工人——
3. 经营销售——
4. 产品质量——
5. 欧洲和美国——
6. 开拓发展——
7. 理想观念——
8. 销售到很远的地区——
9. 简单介绍——
10. 占用地方——

二、把互相可以搭配的词语连线：
拥有　　　　时尚
从事　　　　数亿资产
追求　　　　分公司
强化　　　　产品销售工作
设立　　　　业务领域
拓展　　　　内部管理

三、根据"读一读"的短文内容，回答问题：
1. 这里介绍了一家什么企业？
2. 该企业经营哪些业务？
3. 该企业的规模有多大？
4. 该企业有多少员工？员工的素质怎么样？
5. 该企业的生产能力怎么样？从哪些方面可以证明其生产能力？
6. 该企业产品有什么特点？其销售对象是什么人？销售市场怎么样？

四、请将下面公司机构与其职能相连：

| 机构 | 职能 |
|---|---|
| 董事会（board of directors） | 设计开发新产品 |
| 总经理办公室 | 集体决定公司重大事务 |
| 科技研发部 | 运输（transport） |
| 制造中心 | 员工管理 |
| 营销部 | 生产 |
| 物流中心 | 接待顾客投诉 |
| 人力资源部 | 销售 |
| 财务部 | 管理资金、账目、发放工资 |
| 售后服务部 | 处理日常公司事务 |

## 说一说

一、马克打算在中国成立一家公司，可是他不了解注册企业的手续，请你参考课文"如何注册成立企业"及下面的企业注册流程图，告诉马克怎样办理企业注册手续。

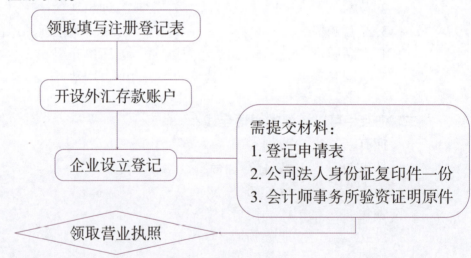

二、选择方框中的词语完成下面的对话：

| 成立于 | 位于 | 股份 | 合资 | 经营 | 注册资金 |
|---|---|---|---|---|---|
| 总公司 | 老板 | 员工 | 董事长 | 业务范围 | 生意 |
| 分公司 | 资产 | 厂房 | 团队 | | |

1. 刘云：张明，好久不见！最近忙什么生意呢？听说你成立了一家公司，自己当_____了。

## 第一课　开业大吉

张明：哪里，一家小企业，而且我也不是老板，只是运通公司北京_____的总经理而已。

刘云：我只听说过运通公司是一家大型跨国公司，具体情况怎么样？给我介绍介绍。

张明：_____。

2. 李文：欢迎各位来我公司参观，我是总经理秘书李文，叫我小李就行了。下面，由我给大家介绍一下本公司的情况。本公司成立于_____，是一家中外合资的_____。

参观者一：可以问一下吗？贵公司的注册资金是多少？主要经营哪些业务？

李文：_____。

参观者二：贵公司目前有多少员工？企业规模有多大？

李文：_____。

### 三、根据情景分组对话：

**人物：** 甲是人力资源部主任张明，乙是新来的研发部经理李新，丙是研发部职员王红。

**情景：**
1. 李新第一天到公司上班，张主任表示欢迎。
2. 张主任介绍李新和研发部职员互相认识。
3. 王红对李新表示欢迎，并带李新看了新办公室。

## 写一写

两三人一组，参考下面的词语和图表材料，商量成立一家公司，议定企业名称、主要经营业务、公司类型、企业选址、部门机构设置、企业规模、定位的客户群等，填写下面申请书并写一个"公司简介"。

**参考词语和信息：**

| | | | | | | |
|---|---|---|---|---|---|---|
| 本公司 | 成立于 | 股份 | 创建 | 经营 | 独资 | 位于 |
| 股东 | 员工 | 资产 | 投资 | 合资 | 董事长 | 注册 |
| 达到 | 致力于 | 总公司 | 分公司 | 部门 | 机构 | |

### 外商投资企业设立登记申请书

_____工商行政管理（总）局：

根据《中华人民共和国企业法人登记管理条例》和《中华人民共和国公司登记管理条例》有关规定，现申请外商投资企业设立登记，请予核准。同时承诺，所提交的文件、证件和有关附件真实、合法、有效，复印文本与原件一致，并对因提交虚假文件、证件所引发的一切后果承担相应的法律责任。

拟设立企业名称：＿＿＿＿＿＿＿＿＿＿＿＿＿＿

拟任法定代表人签字：＿＿＿＿＿＿＿＿＿＿＿＿

申请日期：＿＿＿＿＿＿＿＿＿＿＿＿

### 申请登记事项

| 名称 | | | | | 电话 | |
|---|---|---|---|---|---|---|
| 住所 | | | | | 邮编 | |
| 企业类型 | | | 法定代表人 | | | |
| 投资总额 | | | 经营期限 | | | |
| 注册资本 | 中方 | 万元折合 | | 万美元 | 所占比例 | |
| | 外方 | 万元折合 | | 万美元 | 所占比例 | |
| 经营范围 | | | | | | |

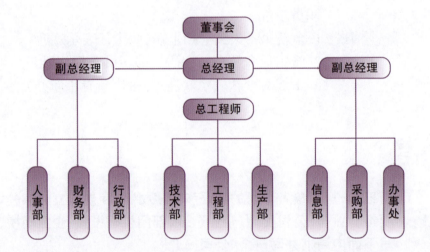

### 综合运用

一、你知道下面的中国企业吗？查找资料并介绍其中一家企业的下列信息：

    1. 企业类型和成立时间　　2. 主要经营业务

    3. 企业资本额、员工数量、规模　　4. 年营业额

    5. 主要客户和市场

第一课　开业大吉

二、你作为一家公司的总经理，在分公司开业的庆典酒会上发表一个讲话，主要内容是简单介绍公司成立经过、鼓励员工们团结协作、展望公司未来发展的前景。

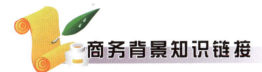

一、中国的行政区划、经济特区

中华人民共和国行政区划

【华北】北京市　天津市　河北省　山西省　内蒙古自治区
【东北】辽宁省　吉林省　黑龙江省
【华东】上海市　江苏省　浙江省　安徽省　福建省　江西省　山东省
【华中】河南省　湖北省　湖南省
【华南】广东省　广西壮族自治区　海南省
【西南】重庆市　四川省　贵州省　云南省　西藏自治区
【西北】陕西省　甘肃省　青海省　宁夏回族自治区　新疆维吾尔自治区
【港澳台】香港特别行政区　澳门特别行政区　台湾省

简　称

| [华　北] | • 京　津　冀　晋　蒙 |
| [东　北] | • 辽　吉　黑 |
| [华　东] | • 沪　苏　浙　皖　闽　赣　鲁 |
| [华　中] | • 豫　鄂　湘 |
| [华　南] | • 粤　桂　琼 |
| [西　南] | • 渝　川　贵　云　藏 |
| [西　北] | • 陕　甘　青　宁　新 |
| [港澳台] | • 港　澳　台 |

13

练习：
1. 尽量读出上表中各行政区的简称,并说明每个简称代表的是哪个行政区。
2. 找出上面行政区划中的自治区,并说明该自治区主要是哪个民族?

中国地图

地方各级人民政府实行省长、市长、县长、区长、乡长、镇长负责制。民族自治地方的自治机关是自治区、自治州、自治县的人民代表大会和人民政府。

### 二、经济特区

经济特区是中国对外开放的前沿,是中国利用外资、引进先进技术,走向国际市场的一个特殊渠道。中国政府对经济特区实行特殊的经济政策和不同于内地的经济管理体制。如：

1. 特区建设以利用外资为主,特区的经济所有制结构是社会主义经济领导下的国有企业、集体所有制企业、私人企业和外商投资企业等多种经济成份并存的综合体。
2. 对前来投资的外商提供更多的优惠待遇和出入境方便。
3. 特区政府拥有较大的经济管理权限。1980年国务院确定了深圳、珠海、汕头、厦门、海南(1988年成立)为综合性经济特区。

第一课　开业大吉

三、相关的网络链接

| 名称 | 说明 | 下载 |
|---|---|---|
| 外商(含港澳台商)投资企业名称核准 | | |
| 名称预先核准 | 外商投资企业名称核准预先核准申请书等 | |
| 名称变更核准 | 企业(企业集团)名称变更核准意见书等 | |
| 外商投资企业以及港澳台商投资企业设立、变更、注销登记及备案 | | |
| 设立登记 | 包括外商投资的公司设立登记(增加)、(非公司)外商投资企业设立登记 | |
| 变更(备案)登记 | 包括外商投资企业变更(备案)登记申请书、名称变更、住所变更、法定代表人变更、投资总额/注册资本变更、实收资本变更(增加)、出资时间/出资方式变更(增加)、营业期限变更、经营范围变更、股权变更、投资者名称变更、公司类型变更(增加)、增设分支机构、撤销分支机构、董事/监事/经理/联合管理委员会委员备案、外商投资企业其他事项备案 | |
| 撤销变更登记(增加) | 撤销变更登记 | |
| 注销登记 | 包括外商投资的公司注销登记、(非公司)外商投资企业注销登记 | |
| 外国(地区)企业在中国境内从事生产经营活动 | | |
| 开业登记 | 外国(地区)企业在中国境内从事生产经营活动开业登记申请书等 | |

商务部：http://www.mofcom.gov.cn/

# 第二课

## 芝麻开门*
—— 银行利率及投资、贷款

### 课 文

（一）

中国人民银行20日宣布，自12月21日起调整金融机构人民币存贷款基准利率。这是央行今年以来第六次上调银行基准利率。

根据决定，自12月21日起，一年期存款基准利率由现行的3.87%提高到4.14%，上调0.27个百分点；一年期贷款基准利率由现行的7.29%提高到7.47%，上调0.18个百分点；其他各档次存、贷款基准利率相应调整。活期存款基准利率由现行的0.81%下调为0.72%。

央行表示，今年1至11月份累计，居民消费价格(CPI)总水平同比上涨4.6%。此次利率调整有利于引导货币信贷和投资的合理增长，防止经济增长由偏快转为过热；有利于防止物价出现明显的通货膨胀。

---

*出自阿拉伯文学《一千零一夜》中"阿里巴巴和四十大盗"的故事，"芝麻，开门"是打开宝库的暗语。

## 第二课　芝麻开门

### 金融机构人民币存款基准利率调整表（单位：年利率%）

| 项　　目 | 9月15日利率 | 12月21日利率 |
|---|---|---|
| 一、活期存款 | 0.81 | 0.72 |
| 二、定期存款 | | |
| （一）整存整取 | | |
| 　　三个月 | 2.88 | 3.33 |
| 　　半　年 | 3.42 | 3.78 |
| 　　一　年 | 3.87 | 4.14 |
| 　　二　年 | 4.50 | 4.68 |
| 　　三　年 | 5.22 | 5.40 |
| 　　五　年 | 5.76 | 5.85 |
| （二）零存整取、整存零取、存本取息 | | |
| 　　一　年 | 2.88 | 3.33 |
| 　　三　年 | 3.42 | 3.78 |
| 　　五　年 | 3.87 | 4.14 |
| （三）定活两便 | 按一年以内定期整存整取同档次利率打六折执行 | 同前 |
| 三、短期贷款 | | |
| 　　六个月以内（含六个月） | 6.48 | 6.57 |
| 　　六个月至一年（含一年） | 7.29 | 7.47 |
| 四、中长期贷款 | | |
| 　　一至三年（含三年） | 7.47 | 7.56 |
| 　　三至五年（含五年） | 7.65 | 7.74 |
| 　　五年以上 | 7.83 | 7.83 |

## （二）

据中国商务部投资促进事务局负责人说，在世界经济持续低迷、跨国投资大幅下降的情况下，中国吸收外商直接投资依然保持稳定，中国以610亿美元的外国直接投资，继续成为发展中国家的最大外资流入国，在全球范围内仅次于美国和英国，连续12年实际使用外资金额居发展中国家和地区首位。

据介绍，截至2005年8月底，共有来自近200个国家和地区的投资者在华投资，累计投入资金6000亿美元，企业超过53万家。目前，留存注册外商投资企业约28万家，外资2455亿美元。

据有关统计，2009年2月，中国新批设立外商投资企业1265家，同比下降13%；实际使用外资金额58.33亿美元，同比下降15.81%。

# 新丝路——高级速成商务汉语 I
XINSILU GAOJI SUCHENG SHANGWU HANYU I

## 词 语

| | | | | |
|---|---|---|---|---|
| 1. 宣布 | xuānbù | （动） | declare; proclaim; announce |
| 2. 调整 | tiáozhěng | （动） | adjust |
| 3. 金融 | jīnróng | （名） | finance; banking |
| 4. 存款 | cúnkuǎn | （动、名） | deposits; bank savings |
| 5. 贷款 | dàikuǎn | （动、名） | grant advances; make loans |
| 6. 基准利率 | jīzhǔn lìlǜ | | basic rate |
| 7. 央行 | Yāngháng | | central bank |
| 8. 现行 | xiànxíng | （形） | current |
| 9. 百分点 | bǎifēndiǎn | （名） | percentage; proportion in percentage |
| 10. 档次 | dàngcì | （名） | grading; grade |
| 11. 活期 | huóqī | （形） | current (deposit) |
| 12. 下调 | xiàtiáo | （动） | float downward |
| 13. 累计 | lěijì | （动） | add up; accumulative total |
| 14. 消费 | xiāofèi | （动） | consume; expense |
| 15. 同比 | tóngbǐ | （动） | compare the same period of last year |
| 16. 上涨 | shàngzhǎng | （动） | rise; go up |
| 17. 引导 | yǐndǎo | （动） | guide; lead |
| 18. 货币 | huòbì | （名） | money; currency |
| 19. 信贷 | xìndài | （名） | credit |
| 20. 过热 | guòrè | （形） | overheated |
| 21. 物价 | wùjià | （名） | commodity price |
| 22. 通货膨胀 | tōnghuò péngzhàng | | inflation of currency |
| 23. 商务部 | Shāngwùbù | | Commerce Department |
| 24. 低迷 | dīmí | （形） | depression |
| 25. 跨国 | kuàguó | | transnational |
| 26. 大幅 | dàfú | | a large extent |
| 27. 金额 | jīn'é | （名） | amount of money |
| 28. 截至 | jiézhì | （动） | deadline |
| 29. 统计 | tǒngjì | （动） | statistics |

18

第二课　芝麻开门

句 型

1. 此次利率调整有利于引导货币信贷和投资的合理增长。
   "有利于……"意思是"对……有好处"。

   > 例：(1) 冬天吃哪些水果有利于身体健康？
   > (2) 面对面的讨论交流有利于问题的尽快解决。
   > (3) 央行此次加息有利于刺激(stimulate)消费。
   > (4) 最近某研究小组在对1.8万名成年人进行多年跟踪调查后发现，睡觉有利于减肥。

   练习：用括号中的词语完成对话：
   　　A：你认为城市发展私人汽车有哪些利弊？
   　　B：_____。(有利于　不利于)

2. 在世界经济持续低迷、跨国投资大幅下降的情况下，中国吸收外商直接投资依然保持稳定。
   "在……下"表示一定的范围、情况和条件等。

   > 例：(1) 公司在我本人不知道的情况下扣除(deduct)了我的保险金(insurance money)。
   > (2) 公司考虑在不减工资的情况下降低劳动力(labor; manpower)成本(cost)。
   > (3) 张董事长在王总经理的陪同下参观了新建的办公大楼。
   > (4) 这是在经济全球化背景下的一次重要的改革(reform)。

   练习：用括号中的词语完成对话：
   　　A：我买的这件衣服如果不合适可以退换吗？
   　　B：_____。(在……情况下)

3. (中国的外商投资额)在全球范围内仅次于美国和英国。
   "仅次于A"意思是"只比A差一点儿"。

   > 例：(1) 中秋节是中国仅次于春节的第二大传统节日。
   > (2) 广州小时最低工资标准为7.5元，仅次于北京的7.9元。
   > (3) 中国目前已成为仅次于美国和日本的世界汽车第三大生产国。
   > (4) 今年夏天金融业成为求职最热门行业(trade)，人才需求量大增，仅次于IT行业。

19

练习：用括号中的词语完成对话：
A：这个季度的销售量怎么样？
B：＿＿＿＿＿＿＿＿＿＿＿＿＿＿＿。（仅次于）

4. 连续12年实际使用外资金额居发展中国家和地区首位。
"首位"意思是"第一位"。也可以说"居……第二位/第三位"。

> 例：(1) 中国留学生人数居全世界首位,占全球总数的14%。
> (2) 北京人健身消费月支出(expenditure)为87元,居六大城市首位。
> (3) 据调查,2006年温州城市居民在外用餐年人均消费2278元,居浙江省首位。
> (4) 电子工业去年收入居各行业首位,同比增长24.8%。

练习：用括号中的词语完成对话：
A：在中国的各大城市中,北京的物价是不是最高的？
B：＿＿＿＿＿＿＿＿＿＿＿＿＿＿＿。（居……首位）

练习☆

一、理解"贷"和"商"两个字的意思,联想组词,可以查词典：

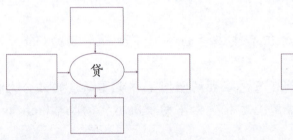 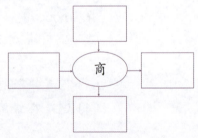

二、从课文中找出与下面词义对应的词语：
1. 外国商人——外商
2. 物品价格——
3. 外国资本——
4. 中央银行——
5. 很大幅度的——
6. 和去年同期相比——
7. 加起来计算——
8. 往上调整——
9. 截止到——
10. 信用贷款——

三、选词填空：

> 跨国　低迷　大幅　金额　累计　截至　利率　投资　活期　现行

1. 今年汽车销量同比下降了2%,市场出现供大于求(oversupply)现象,车市出现(　　　)。

第二课　芝麻开门

2. 这款车经过这次（　　　）降价后,进一步提高了性价比,受到许多家庭用户欢迎。
3. 现在人民币的活期存款年（　　　）是多少？
4. 新加坡是对广东直接（　　　）最多的国家之一。
5. 公司决定将免费送货的订单(order sheet)（　　　）从200元下调至99元。
6. 据统计,以联想等为代表的3万多家中国企业在从事各类（　　　）经营,即全球贸易。
7. 参会报名日期（　　　）本月底。
8. 您这1万元是打算存（　　　）还是存定期？
9. 通过这件事我们希望了解一下（　　　）的劳动法(Labour Law)存在哪些问题。
10. 财政部(Ministry of Finance)5年来投入西部大开发（　　　）资金近万亿元。

四、参考括号里的词语完成对话：

1. A：目前世界经济情况怎么样？
   B：＿＿＿＿＿＿＿＿＿＿＿＿＿＿＿。(低迷　投资)
2. A：你认为在中国投资的市场前景怎么样呢？
   B：＿＿＿＿＿＿＿＿＿＿＿＿＿＿＿。(外资　金额)
3. A：你觉得按现在的银行利率,我是把钱存银行好呢,还是拿来投资买房子好？
   B：＿＿＿＿＿＿＿＿＿＿＿＿＿＿＿。(在……情况下)
4. A：你认为上海是一座什么样的城市？
   B：＿＿＿＿＿＿＿＿＿＿＿＿＿＿＿。(仅次于　居……首位)
5. A：最近银行利率又调整了,您认为这种调整对经济会有什么影响呢？
   B：＿＿＿＿＿＿＿＿＿＿＿＿＿＿＿。(有利于　不利于)

## 听一听　（录音文本见本书第111页）

## 词语

| | | | |
|---|---|---|---|
| 1. 申请书 | shēnqǐngshū | （名） | letter of application |
| 2. 提交 | tíjiāo | （动） | present; submit |
| 3. 审核 | shěnhé | （动） | examine and verify |
| 4. 实地考察 | shídì kǎochá | | field survey |
| 5. 潜力 | qiánlì | （名） | latent force; potential |
| 6. 信任 | xìnrèn | （动、名） | trust in; faith |

| 7. 支付 | zhīfù | （动） | pay |
| 8. 转账 | zhuǎn zhàng | （动） | transfer accounts |
| 9. 账号 | zhànghào | （名） | account number |
| 10. 签订 | qiāndìng | （动） | sign; write |
| 11. 合同 | hétong | （名） | agreement; contract |
| 12. 工作日 | gōngzuòrì | （名） | workday |
| 13. 受理 | shòulǐ | （动） | accept and hear a case |
| 14. 客户 | kèhù | （名） | client; customer |
| 15. 抵押物 | dǐyāwù | （名） | object given as a pledge |

一、听录音，判断正误：

1. 男士的公司在向女士的公司申请贷款。（　　）
2. 女士的公司决定给男士公司的项目贷款。（　　）
3. 目前银行的贷款利率是0.3%。（　　）
4. 双方已经签订了贷款合同。（　　）
5. 女士希望男士公司能提供房产或汽车等抵押物。（　　）

二、再听一遍录音，填表：

::::::支付方式::::::

投资方：_____
贷款方账户名：_____
开户银行：_____
银行账号：_____
贷款利率：_____
计划贷款合同签订时间：_____
2个工作日快速贷款条件：_____

三、熟读下面的句子：

1. 我公司对这些资料进行了仔细审核和实地考察。
2. 我公司认为你们的项目很有发展潜力。
3. 贷款利率高于同期银行贷款利率0.3个百分点。
4. 非常感谢贵公司的信任和支持。
5. 我还需要跟贵公司确认一下支付方式。
6. 我公司希望下周三之前就能够签订正式的贷款合同。
7. 如果没有什么意外的话，我想没有问题。
8. 有什么问题我们再联系。

## 第二课　芝麻开门

### 读一读

#### 关注央行今年第六次加息

22日起,银行存贷款利率将分别上调0.27和0.18个百分点。央行如此频繁加息,在中国货币政策调控历史上罕见。其实,央行此次加息也在情理之中。今年以来中国经济快速增长,投资增幅仍处高位,货币信贷增长仍然偏快,外贸顺差仍在扩大。这些现象给中国经济带来不少潜在的负面影响。粮食、肉禽蛋等食品价格快速攀升成为物价上涨的主要动力,这也对普通百姓生活带来一定程度的影响。当前再次加息,是为合理调控货币信贷投放,有利于抑制货币供应高增长,控制通货膨胀,保持物价基本稳定。

受本次央行加息影响最明显的是房贷客户。21日晚,准备通过银行贷款购买住房的宋先生告诉记者,央行的频繁加息,不得不使自己的买房计划延期,而很多老的房贷客户也将选择提前还贷。记者替办理了房贷业务的市民粗略地计算了一下,20万元20年期的房贷,明年1月起每个月要比今年多还71元的利息。

今年的第六次加息以及市场对继续加息的预期,使得本次加息后市民办理转存业务的意义已经不大。银行理财经理提醒市民,在今年已经办理过转存业务的市民,没有必要将存款取出再次办理转存业务,免得资金在一年中只吃到了活期存款利息。

央行今年连续加息及调减利息税的政策,促使多家银行开始对银行理财产品进行重新设计,以稳定投资者。由于银行理财产品可以免缴利息税,因此之前银行设计的产品,收益仅比存款收益略高一些,年收益在3.5%左右,就能吸引部分投资者。加息及减税政策的执行,打破了银行原来的好日子,银行部分理财产品的优势荡然无存。为了吸引投资者,广东发展银行率先对旗下部分人民币理财计划的管理费收取标准进行了调减,调整后银行的收费从70%调减至30%。

### 词语

1. 加息　　jiā xī　　　　　　　　　　adding-on interest
2. 频繁　　pínfán　　　（形）　　　　frequent
3. 政策　　zhèngcè　　（名）　　　　policy
4. 调控　　tiáokòng　　（动）　　　　govern
5. 增幅　　zēngfú　　　（名）　　　　amplification
6. 外贸　　wàimào　　　（名）　　　　foreign trade
7. 顺差　　shùnchā　　　（名）　　　　favourable balance
8. 负面　　fùmiàn　　　（形）　　　　negative
9. 攀升　　pānshēng　　（动）　　　　soar; advance

| 10. 投放 | tóufàng | （动） | put (money) into circulation; put (goods) on the market |
| 11. 抑制 | yìzhì | （动） | restrain; repress |
| 12. 供应 | gōngyìng | （动） | feed; supply |
| 13. 稳定 | wěndìng | （形） | stable; firm; steady |
| 14. 延期 | yán qī | （动） | postpone; defer; extend a time limit |
| 15. 利息 | lìxī | （名） | interest |
| 16. 预期 | yùqī | （动） | expect; anticipate |
| 17. 转存 | zhuǎncún | （动） | rotate and store |
| 18. 理财 | lǐ cái | （动） | manage money matters; administer financial transactions |
| 19. 利息税 | lìxīshuì | | interest tax |
| 20. 收益 | shōuyì | （名） | income; profit |
| 21. 优势 | yōushì | （名） | advantage; preponderance |
| 22. 荡然无存 | dàngránwúcún | | obliterate; with nothing left; be dissipated |
| 23. 率先 | shuàixiān | （副） | take the lead in doing sth. |
| 24. 旗下 | qíxià | （名） | subordinate |

### 句型

1. 银行存贷款利率将分别上调0.27和0.18个百分点。

例：（1）为了搞清楚事情的真相,他分别找小张、小李和小王谈了话。
（2）董事长和总经理分别约见了来访的客户。
（3）去年猪肉、食用油、粮食的价格分别上涨了8%、6%和4.5%。
（4）兄弟俩分别创建了建筑公司和食品公司。

练习：用括号中的词语完成对话：
A：最近每克黄金和铂金(platinum)的价格和去年相比上涨了多少?
B：_____。（分别）

2. 受本次央行加息影响最明显的是房贷客户。

例：（1）受大雪影响,多趟京广线列车晚点。
（2）受油价攀升影响,19日亚太地区主要股市(stock market)下跌(depreciate)。

## 第二课 芝麻开门

(3) 8月份受国际石油价格上涨的影响,工业品出厂价格总水平同比上涨6.8%。

(4) 央行周五宣布了一系列防止经济过热的措施,但海外投资者热情未受此消息影响。

练习:用括号中的词语完成对话:
A:听说南方有不少出口企业都倒闭了,这是为什么呢?
B:_____。(受……影响 人民币升值)

3. 银行的收费从70%调减至30%。

例:(1) 经过半年的锻炼,她减肥的效果很明显,从150斤减至100斤。
(2) 雅虎(Yahoo)搜索已将2000余台服务器从美国搬至中国。
(3) 个人所得税起征点已从1600提高至2000元了。
(4) PJ606投影机(projector)从万元狂跌至7000元。

练习:用括号中的词语完成对话:
A:去年北京的房价涨得厉害吗?
B:_____。(从……暴涨至……)

☆练习☆

一、从短文中找出与下面词义对应的词语:
1. 增加利息——加息
2. 调整控制——
3. 增加的幅度——
4. 很不常见——
5. 房屋贷款——
6. 延长期限——
7. 不用缴纳——
8. 管理钱财——
9. 调整减少——
10. 原来的东西全都不存在了——

二、把互相可以搭配的词语连线:
投放　　　银行利息
保持　　　投资者
吃　　　　贷款
吸引　　　物价稳定
执行　　　货币供应/消费需求
带来　　　减税政策
抑制　　　负面影响

三、根据短文内容判断正误:
1. 央行以前也经常加息。　　　　　　　　　　(　　)
2. 今年银行发放贷款的数额将增大。　　　　　(　　)

25

3. 今年中国进口大于出口。　　　　　　　　　　（　　　）
4. 央行加息抑制了房地产投资和消费。　　　　　（　　　）
5. 银行理财经理建议市民尽快办理存款转存业务。（　　　）
6. 加息提高了银行理财产品对投资者的吸引力。　（　　　）

四、根据短文内容回答问题：

1. 央行为什么要连续加息？加息的目的是什么？
2. 为什么很多贷款购房者要提前还贷？
3. 为什么说本次加息后市民办理转存业务的意义不大？
4. 以前银行的理财产品的优势是什么？
5. 广发银行为什么减少人民币理财计划的管理费？

## 说一说

一、调查一下，最近银行的存贷款利率有没有变化？

结合你们国家的情况，分组讨论一下银行利率的上调或者下调对个人、对企业会有哪些有利或者不利的影响？把小组讨论的结果向全班汇报。

二、总结说明下面两个图表的内容，分组讨论：

1. 银行贷款利率的上调和下调与房地产价格之间有没有关系？如果有，是什么样的关系？
2. 从2004年开始北京房价不断上涨的原因是什么？
3. 为什么2007年底房价开始下降？

人民币贷款基准利率(单位:年利率%)

| 调整时间 | 1年期 | 5年以上 |
| --- | --- | --- |
| 1996.05.01 | 10.98 | 15.12 |
| 1997.10.23 | 8.64 | 10.53 |
| 1998.07.01 | 6.93 | 8.01 |
| 1999.06.10 | 5.85 | 6.21 |
| 2002.02.21 | 5.31 | 5.76 |
| 2004.10.29 | 5.58 | 6.12 |
| 2006.08.19 | 6.12 | 6.84 |
| 2007.03.18 | 6.39 | 7.11 |
| 2007.05.19 | 6.57 | 7.2 |
| 2007.07.21 | 6.84 | 7.38 |
| 2007.08.22 | 7.02 | 7.56 |
| 2007.09.15 | 7.29 | 7.83 |
| 2007.12.21 | 7.47 | 7.83 |

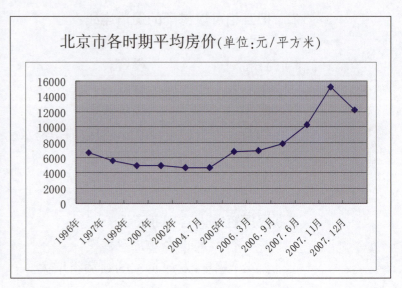

# 第二课　芝麻开门

## 写一写

1. 分组讨论你们公司为研发新项目向投资公司贷款的事，根据讨论结果填写、提交下面的贷款申请书。

---

**贷款申请书**

北京市创业投资有限公司：

　　本公司因_____之需要，拟向贵公司申请国家开发银行科技型中小企业贷款，申请金额（RMB）_____万元（大写：_____），期限_____，用于_____，还款资金来源为_____。贷款抵押物为：_____。随同本申请一并提交的相关资料（详见《提交资料清单》）供贵单位贷款决策时参考，请审核，并随时欢迎贵单位前来进行调查。

　　此致！

　　　　　　　　　　　　申请单位：_____（公章）
　　　　　　　　　　　　法人代表：_____（签字）
　　　　　　　　　　　　　　　_____年____月____日

---

2. 各组交换并互相审读填写好的贷款申请书，然后作为"北京市创业投资有限公司"的经理给申请贷款的单位回复一封短信。内容包括：

   （1）收到了申请书；
   （2）表示能不能贷款；
   （3）如果同意贷款，请说明贷款额和贷款方式；
   （4）如果不同意贷款，请说明理由或者还需要什么其他材料。

## 综合运用

一、参考下面汉语大写数字，填写后面的单据中大写金额和银行信用卡账户申请表：

> 零壹贰叁肆伍陆柒捌玖拾佰仟万;圆角分整

## 招商银行 现金缴款单

| 缴款单位填 | 缴款单位 | 全称 | 北京安普数码技术有限责任公司 | | | | | | | | | | |
|---|---|---|---|---|---|---|---|---|---|---|---|---|---|
| | | 开户行 | 北京海淀支行 | | 账号 | 01011686352 | | | | | | | |
| | 款项来源 | | 北京奥美国际有限责任公司 | | | | | | | | | | |
| | 币(大写) | | | | 千 | 百 | 十 | 万 | 千 | 百 | 十 | 元 | 角 分 |
| | | | | | | ¥ | 1 | 8 | 9 | 6 | 5 | 0 | 0 0 |

| 银行确认栏 | 客户号（账号）： | | 币种及金额（小写）： | 会计分录 | 借：_____ |
|---|---|---|---|---|---|
| | 缴款日期： | | 流水号： | | 贷：_____ |
| | 本缴款单金额，业已全数收讫。 | | | | |
| | | | 收款员签章 | | 复核员　　　记账员 |

缴款人对上述银行记录确认签名：_____

---

标有 * 的项目为必填项

## 中国建设银行龙卡(双币种)信用卡申请表

编号：

申请书提交时期：　年　月　日　　贷款银行收妥日期：　年　月　日　　贷款银行受理人：

**主申请人基本资料**

| 中文姓名* | | 拼音或英文姓名* | | 国籍* | |
|---|---|---|---|---|---|
| 性　别* | | 出生日期* | 年　月　日 | 民族* | |
| 证件种类* | 其他(须注明) | | | | |
| 证件号码* | | | | 户籍所在地* | |
| 婚姻状况* | | | | 健康状况* | |
| 学　历* | | | | | |
| 职　业* | | | | | |
| 个人月收入*（元) | | 家庭月收入(元) | | 家庭月支出(元) | 供养人数 |
| 现住址* | | 邮政编码* | | 本地居住时间(年) | |
| 住宅电话* | | 移动电话* | | 电子邮箱 | 传真 |
| 工作单位* | | 职务 | | 职称 | 行业 |
| 单位地址 | | 邮政编码* | | 单位电话* | |
| 进入现单位时间 | | 年　月 | 从事本行业年限(年) | | |
| 账单地址* | | | | 邮政编码* | |
| 居住状况 | | | | | |
| 租住请填(租住时间、地址合月付租金) | | | | | |

**申请信用卡请填写**

| 申请卡种 | □VISA 金卡　□VISA 普通卡 | 若申请金卡未获批准,是否申请普通卡 | □是 | □否 |
|---|---|---|---|---|
| 申请额度(人民币元) | 主卡　　　元,附属卡 | 境内消费使用密码 | □否 | □是 |
| 联系人资料 | 姓名　　　与申请人关系　　　性别 | 联系电话 | | |
| | 持信用卡情况　□1 有龙卡　卡号____ | □2 有他行信用卡　发卡行____ | | |

**声明事项**

1. 以上填写内容完全属实,同意建设银行向有关方面查核上述资料的真实性。
2. 本人已仔细阅读《中国建设银行龙卡贷记卡申领协议》的全部内容,自愿签署并依约履行该协议。
3. 无论申请成功与否,本人均不要求退回本申请表及相关材料,建设银行有权拒绝接受本申请而无需给予任何原因解释。
4. 本人同意(□不同意)将本人个人住房贷款的还款账户作为本人龙卡信用卡的约定还款账户及约定购汇还款账户。
5. 本人同意(□不同意)为配偶及共同申请人申请附属卡。
6. 本人同意在申请办理房贷结清手续时,按建设银行要求还清建行信用卡欠款。

主卡申请人签名_____　年___月___日　附属卡申请人签名_____　年___月___日

推荐客户经理注记：

## 第二课　芝麻开门

二、玛丽有一笔美元暂时不用，请根据下面的外汇牌价和存款利率，给玛丽一些建议怎么处理这笔钱收益最大。

### 中国工商银行人民币即期外汇牌价

日期：2009 年 3 月 15 日 星期日　　　　　　　　　　　　　　　单位：人民币 /100 外币

| 币种 | 汇买、汇卖中间价 | 现汇买入价 | 现钞买入价 | 卖出价 | 发布时间 |
| --- | --- | --- | --- | --- | --- |
| 美元(USD) | 683.36 | 681.99 | 676.53 | 684.73 | 17:29:42 |
| 港币(HKD) | 88.14 | 87.96 | 87.26 | 88.32 | 03:59:46 |
| 日元(JPY) | 7.4311 | 7.4014 | 7.1636 | 7.4608 | 03:59:46 |
| 欧元(EUR) | 881.40 | 877.87 | 849.67 | 884.93 | 03:59:46 |
| 英镑(GBP) | 983.90 | 979.96 | 948.48 | 987.84 | 03:59:46 |
| 瑞士法郎(CHF) | 589.46 | 587.10 | 568.24 | 591.82 | 03:59:42 |
| 加拿大元(CAD) | 552.92 | 550.71 | 533.01 | 555.13 | 03:59:46 |
| 澳大利亚元(AUD) | 451.22 | 449.42 | 434.98 | 453.02 | 03:59:46 |
| 新加坡元(SGD) | 453.73 | 451.92 | 437.40 | 455.54 | 03:59:42 |
| 丹麦克朗(DKK) | 118.24 | 117.77 | 113.98 | 118.71 | 03:59:42 |
| 挪威克朗(NOK) | 100.86 | 100.46 | 97.23 | 101.26 | 03:59:42 |
| 瑞典克朗(SEK) | 81.95 | 81.62 | 79.00 | 82.28 | 03:59:42 |
| 澳门元(MOP) | 85.51 | 85.34 | 84.65 | 85.68 | 03:59:46 |
| 新西兰元(NZD) | 359.31 | 357.87 | 346.37 | 360.75 | 03:59:42 |
| 韩元(KRW) | 0.4855 | -- | 0.4603 | 0.5107 | 22:39:46 |

备注：此汇率为我行初始报价，成交价以各地分行实际交易汇率为准。

### 外汇存款利率（单位：年利率%）

| | 活期 | 七天通知 | 一个月 | 三个月 | 六个月 | 一年 | 二年 |
| --- | --- | --- | --- | --- | --- | --- | --- |
| * 英镑 | 0.1250 | 0.3750 | 0.7500 | 1.0000 | 1.1250 | 1.2500 | 1.3125 |
| 港币 | 0.0500 | 0.1000 | 0.1500 | 0.5000 | 0.7500 | 1.0000 | 1.2500 |
| 美元 | 0.0500 | 0.1000 | 0.2500 | 0.5000 | 1.0000 | 1.2500 | 1.5000 |
| * 瑞士法郎 | 0.0001 | 0.0005 | 0.0100 | 0.0100 | 0.0100 | 0.0100 | 0.0100 |
| * 新加坡元 | 0.0001 | 0.0005 | 0.0100 | 0.0100 | 0.0100 | 0.0100 | 0.0100 |
| 日元 | 0.0001 | 0.0005 | 0.0100 | 0.0100 | 0.0100 | 0.0100 | 0.0100 |
| * 加拿大元 | 0.0500 | 0.1000 | 0.2500 | 0.5000 | 0.7500 | 1.0000 | 1.1250 |
| * 澳大利亚元 | 0.2500 | 0.3000 | 1.2500 | 1.3125 | 1.3250 | 1.5000 | 1.5000 |
| 欧元 | 0.1000 | 0.3750 | 0.7500 | 1.0000 | 1.1250 | 1.2500 | 1.3125 |

注：自 2009-03-15 起执行，年利率%。带 * 为此次调整的币种。本利率表中的利率仅供参考，具体详情请咨询网点柜台。

## 商务背景知识链接

### 中国各大银行概况

1. 中国人民银行 http://www.pbc.gov.cn/

中国人民银行是中国的中央银行，负责制定和执行国家的金融政策，调节货币流通与信用活动。对外代表国家，对内对整个金融活动进行监督与管理。

2. 商业银行

中国商业银行体系由三大部分组成，即国有独资商业银行、其他股份制商业银行和外资商业银行。其中，国有独资银行是中国商业银行体系的主体。主要商业银行有：

中国工商银行（http://www.icbc.com.cn/index.jsp）成立于1984年，是中国最大的商业银行。截至2002年末，总资产近4.8万亿元人民币，占中国商业银行国内资产总和的四分之一。在个人住房按揭贷款、银行卡、资金营运、基金托管等业务领域，都居同业领先地位。2002年末中国工商银行个人消费贷款余额达3030亿元，个人住房贷款市场份额居国内第一。

中国银行 http://www.bank-of-china.com/

中国建设银行 http://www.ccb.cn/

中国农业银行 http://www.95599.cn

中国交通银行 http://www.bankcomm.com/jh/cn/index.jsp

招商银行，成立于1987年4月8日，是中国第一家完全由企业法人持股的股份制商业银行，总行设在深圳。

民生银行，于1996年1月12日在北京正式成立，是中国首家主要由非公有制企业入股的全国性股份制商业银行，同时又是严格按照《公司法》和《商业银行法》建立的规范的股份制金融企业。

3. 政策性银行

从1994年起，中国组建了3家直属国务院领导的政策性银行，即国家开发银行、中国农业发展银行及中国进出口银行。

4. 非银行金融机构

中国的非银行金融机构主要有信托投资公司、证券公司、保险公司、财务公司、租赁公司和信用合作社等。

## 第三课

# 合作共赢
—— 企业招商、加盟

### 课文

## 肯德基在中国的经营案例

★ 特许经营

肯德基以"特许经营"作为一种有效的方式在全世界拓展业务,至今已超过20年。肯德基1993年就在西安开始了加盟业务,目前已拥有近20家加盟餐厅。相比之下,肯德基的竞争对手麦当劳目前在中国内地开设的300多家分店全部都是直营店,没有一家是特许店。

★ 加盟者应具备的条件

肯德基希望加盟商应该是真正的食品服务业经营者,要求有从业背景,并具有在一定区域内扩大发展的潜力。这也是一项长期的业务伙伴关系,因此,肯德基只有在对加盟商的组织机构、金融状况和项目计划完全满意的情况下,才会开始合作。

★ 特许加盟模式

肯德基目前在中国发展加盟店的方式不是让加盟者交纳加盟费后自行开店,而是让加盟者出资购买一间正在运营中并已赢利的连锁店。转让已经成熟的餐厅,加盟者不必由零开始,可以较快地融入肯德基的运作系统,进而保障加盟者成功的机会。

★ 特许费

肯德基每个餐厅的进入费在800万人民币以上。进入费是一项转让费用，是购买一家成熟的且有赢利的肯德基餐厅所需的投资。这是根据一家肯德基餐厅的投资额、营业额、赢利状况而定的。在一个加盟经营期开始时须支付35 000美金的加盟经营初始费。持续经营的费用包括占总销售额6%的加盟经营权使用费和占5%的广告分摊费用。这些费用是在现行的基础上制定的，在加盟经营合同签订之后10年内保持不变。

★ 培训

加盟经营商将被要求参加一个20周的培训项目并承担自己的培训费用。有餐厅和行业经营经验的加盟经营商可以申请免去某些培训。肯德基总部和加盟店具有共同的利益关系。肯德基的成功取决于各加盟商的成功。总部必须给予加盟者足够的支持，只有当每个加盟商赢利了，整个特许经营系统才能变得更加强大。

（改写自2007-1-8《中国经营报》）

| | | | | |
|---|---|---|---|---|
| 1. 合作 | hézuò | （动） | cooperate; work together; collaborate |
| 2. 招商 | zhāoshāng | （动） | attract investment |
| 3. 加盟 | jiāméng | （动） | franchise |
| 4. 案例 | ànlì | （名） | case |
| 5. 特许 | tèxǔ | （动） | concession; special permission |
| 6. 有效 | yǒuxiào | （形） | be good for; efficacious; effective |
| 7. 竞争 | jìngzhēng | （动） | compete |
| 8. 对手 | duìshǒu | （名） | opponent; adversary; antagonist |
| 9. 分店 | fēndiàn | （名） | subbranch |
| 10. 区域 | qūyù | （名） | region; area; district; scope; range |
| 11. 伙伴 | huǒbàn | （名） | partner; companion |
| 12. 模式 | móshì | （名） | pattern; design |
| 13. 运营 | yùnyíng | （动） | operate |
| 14. 赢利 | yínglì | （动、名） | gain; profit; surplus |
| 15. 连锁店 | liánsuǒdiàn | （名） | chain stores |

## 第三课　合作共赢

| | | | |
|---|---|---|---|
| 16. 转让 | zhuǎnràng | （动） | transfer the possession of; make over |
| 17. 融入 | róngrù | （动） | segue into |
| 18. 运作 | yùnzuò | （动） | operate |
| 19. 系统 | xìtǒng | （名、形） | system |
| 20. 保障 | bǎozhàng | （动、名） | assure; ensure; guarantee; safeguard |
| 21. 营业额 | yíngyè'é | | turnover |
| 22. 持续 | chíxù | （动） | sustained; continued; continuous |
| 23. 经营权 | jīngyíngquán | （名） | business management right |
| 24. 分摊 | fēntān | （动） | share |
| 25. 培训 | péixùn | （动） | cultivate; train |
| 26. 承担 | chéngdān | （动） | assume; undertake; endure; hold |
| 27. 总部 | zǒngbù | （名） | general headquarters |
| 28. 利益 | lìyì | （名） | advantage; interest; profit; benefit |

### 句型

1. 肯德基已拥有近20家加盟餐厅。相比之下，肯德基的竞争对手麦当劳目前在中国内地开设的300多家分店全部都是直营店。
   "相比之下"常单独使用，表示"和……相比"。

   > 例：（1）这两款手机我都喜欢，相比之下，我更喜欢新出的这款。
   > （2）他工作实在是太努力了，相比之下，我们都成了懒惰的人了。
   > （3）我原来住的地方特别小，相比之下，现在的宿舍已经很舒服了。
   > （4）最近亚洲的股市都在下跌，相比之下，中国的股市跌幅算是比较小的。

   练习：用括号中的词语完成对话：
   A：打牌、打麻将和爬山、打网球相比，你更喜欢哪一类活动？
   B：_____。（相比之下）

2. 加盟者不必由零开始，可以较快地融入肯德基的运作系统，进而保障加盟者成功的机会。
   "进而"意思是"在已有的基础上更进一步"。

   > 例：（1）海洋异常给大气造成影响，进而影响人们的生活。
   > （2）烟头点着了沙发，进而引起了一场大火灾。
   > （3）广州企业税费太高使得工人工资降低，进而造成企业招工困难。
   > （4）我公司计划投资海外项目进而拓展国际市场。

练习：用括号中的词语完成对话：
　　A：最近汽车销售量下降是不是和油价上涨有关呢？
　　B：_____。（进而）

3. 肯德基的成功取决于各加盟商的成功。
　"A取决于B"意思是"B的情况决定A的结果"。

> 例：（1）一个人过得是否快乐取决于他对生活的态度。
> 　　（2）成绩取决于多方面原因，但最重要的是努力的程度。
> 　　（3）下半年物价取决于粮食的产量。
> 　　（4）公司的发展取决于两个因素，一是技术，二是人才。

练习：用括号中的词语完成对话：
　　A：这次会议需要多少费用呢？
　　B：_____。（取决于）

 ☆练习☆

一、理解"营"和"利"两个字的意思，联想组词，可以查词典：

二、选词填空：

> 伙伴　共赢　区域　从业　保障　运作　运营　经营　持续　系统

1. 新建成的京津高速公路大大促进了京津（　　）的经济发展。
2. 总体而言，中国加入世贸组织带来的是一种（　　），不仅中国从中获益，其他国家也同样从中受益。
3. 用于技术研发的资金今天已经到位了，这样技术改革小组的工作就可以开始（　　）了。
4. S公司是我公司在中国地区最早的合作（　　）。
5. 离开原来的单位以后，王宾自己（　　）了一家小饭馆儿，效益还不错。
6. 为了奥运会，北京地铁的（　　）时间延长到晚上12点。
7. 为了（　　）劳动者的利益，《劳动法》规定企业必须为员工购买保险。
8. 想当会计的话，必须通过一个专业考试才能获得（　　）资格。

第三课　合作共赢

9. 您可以通过安装微软(Microsoft)的更新程序来保护您的电脑(　　　)不受病毒侵害。
10. 只有保护好环境,才能实现经济的可(　　　)发展。

三、在下面句子的空格处填写合适的动词：
1. 公司下个月将在上海(　　　)一家分店。
2. 由于缺乏资金无法继续经营,所以他不得不与我公司签订餐厅(　　　)合同。
3. 他性格内向,所以在公司很难(　　　)团队之中。
4. 根据双方签订的合同,广告费由两家公司(　　　),各出50%。
5. 希望在今后的合作中,贵公司能和以前一样(　　　)我们大力的支持。
6. 参加培训的员工需要自己(　　　)培训费用。
7. 自从去年(　　　)海天集团以后,海天总部在管理方面给予了我们很大的帮助。
8. 我公司(　　　)先进的技术和一批优秀的员工。

四、参考括号里的词语完成对话：
1. A:麦当劳和肯德基的经营方式有什么不同?
   B:_____。(特许经营　相比之下)
2. A:肯德基会选择什么样的加盟商合作?
   B:_____。(从业背景　潜力　在……情况下)
3. A:为什么肯德基在中国发展加盟店不让加盟者自行开店?
   B:_____。(成熟　融入　进而)
4. A:加盟肯德基的进入费是多少钱?这个费用是怎么定的?
   B:_____。(投资额　营业额　赢利状况)
5. A:除了进入费以外,在持续经营期间加盟商还需要支付哪些费用?
   B:_____。(初始费　经营权使用费　广告分摊费用)
6. A:肯德基要求加盟商参加多长时间的培训?为什么要求加盟商参加培训?
   B:_____。(利益　取决于　支持)

**听一听**　(录音文本见本书第111页)

**词语**

| | | | |
|---|---|---|---|
| 1. 带动 | dàidòng | (动) | promote |
| 2. 突破 | tūpò | (动) | break through; breach |

3. 金字招牌　jīnzì zhāopái　　　　　gold-lettered signboard
4. 风险　　　fēngxiǎn　　（名）　risk
5. 入行　　　rù háng　　　　　　　enter a profession
6. 概率　　　gàilǜ　　　（名）　odds; probability
7. 总店　　　zǒngdiàn　 （名）　head office
8. 协议　　　xiéyì　　　（名）　agreement
9. 效益　　　xiàoyì　　 （名）　effect and profit; beneficial result
10. 价位　　 jiàwèi　　 （名）　price
11. 利润　　 lìrùn　　　（名）　profit; profit return
12. 店铺　　 diànpù　　 （名）　store; shop

一、听录音判断正误：
1. 麦当劳在中国有700多家连锁餐厅。（　　）
2. 马兰拉面的年销售收入超过了4亿元。（　　）
3. 马兰拉面的连锁店全部在中国境内。（　　）
4. 加盟店和总店的竞争环境没有很大的差异。（　　）
5. 张女士参观北京总店后两三个月才签订加盟协议。（　　）
6. 张女士因为资金不足而关门转让了店铺。（　　）

二、再听一遍录音，填空：

| 加盟连锁店的好处 | 加盟连锁店失败的主要原因 |
| --- | --- |
| 1. | 1. |
| 2. | 2. |
| 3. | 3. |

## 读一读

阅读理解下面两家纺织企业的招商项目说明，比较分析与哪家企业合作更有利？为什么？

| 一、项目名称：<br>牛仔布及牛仔服装扩产项目<br>二、项目单位：<br>山东广发纺织有限公司 | 一、项目名称：<br>高档织物及其他纺织产品<br>二、项目单位：<br>荣城金隆纺织有限公司 |
| --- | --- |

三、项目单位概况：

广发纺织有限公司是一家集染、织、服装生产于一体的纺织企业，具有10余年牛仔布生产历史，积累了丰富的专业管理知识和经验，培养了一大批高素质的专业技术人才。公司拥有良好的金融信誉，在美国、东南亚、韩国及国内各大城市有稳定的销售网络。

四、项目建设规模：

目前公司年产牛仔布1000万米，该项目采取成熟先进的牛仔布工艺，采用国内领先水平的技术及国际最先进机器设备。高中低档牛仔服装已逐渐为中国人所接受，具有较大的市场潜力，国内外市场销售量大幅上升。为扩大生产，本公司决定建设年产100万件牛仔服装项目。

五、项目投资概算：

总投资额5000万元，其中建设投资3416万元，流动资金1584万元。

六、项目经济效益预测：

本项目投产后可实现年销售收入7500万元，可实现年利润1000万元，预计5年可收回投资。

七、合作方式：合资或合作。合作方须有相关产品的销售网络，在此基础上，可以资金、设备、技术入股，股份比例面议。

联系人：章明

联系电话：13675621068

邮箱：0625-7688055@163.com

三、项目单位概况：

荣城金隆实业有限公司系综合性民营企业，下设3家分公司，企业总资产1亿人民币，职工总人数800余人，企业总占地面积170000平方米，集商场、办公于一体，设施齐全，环境幽雅，位置优越。公司现在正积极拓展韩国、澳大利亚等国际市场。

四、项目建设内容、规模及前景预测：

目前公司需新上织机100台，引进国内外先进纺织设备，生产高档纺织品。

随着人们生活水平的不断提高，对纺织品的质量、美观及舒适度的要求也逐渐提高，纺纱市场需要量也明显增长。本公司位于中原地区，原材料丰富，熟练技术工人多，工资成本较低，适用于纺织这种劳动密集型产业的发展，也有利于产品以价格优势打入国际市场。企业发展前景较为乐观。

五、项目投资概算：

项目总投资1.2亿元，目前尚缺6000万元的设备和流动资金。现在40000平方米的厂房已经完工。

六、项目经济效益预测：

项目投产后，年销售收入1.8亿元以上，出口创汇1200万美元。

七、合作方式：合作、合资、控股、买断。

电话：0625-8560968/8560988

传真：0625-8526118

地址：山东荣城开发区管委会招商局

邮编：252000

# 新丝路——高级速成商务汉语 I
XINSILU GAOJI SUCHENG SHANGWU HANYU I

## 词语

| | | | | |
|---|---|---|---|---|
| 1. | 项目 | xiàngmù | （名） | item |
| 2. | 纺织 | fǎngzhī | （动） | spinning and weaving |
| 3. | 信誉 | xìnyù | （名） | credit and reputation |
| 4. | 网络 | wǎngluò | （名） | internet; network |
| 5. | 规模 | guīmó | （名） | scale; scope; dimension; size |
| 6. | 销售量 | xiāoshòu liàng | | sales volume |
| 7. | 上升 | shàngshēng | （动） | rise |
| 8. | 扩大生产 | kuòdà shēngchǎn | | expand production |
| 9. | 流动资金 | liúdòng zījīn | | circulating funds |
| 10. | 预测 | yùcè | （动） | make a forecast; predict |
| 11. | 投产 | tóuchǎn | （动） | put into production |
| 12. | 预计 | yùjì | （动） | forecast; calculate |
| 13. | 比例 | bǐlì | （名） | ratio; proportion |
| 14. | 面议 | miànyì | （动） | face-to-face negotiation |
| 15. | 实业 | shíyè | （名） | industry |
| 16. | 民营企业 | mínyíng qǐyè | | non-state-operated enterprise |
| 17. | 职工 | zhígōng | （名） | staff and workers |
| 18. | 设施 | shèshī | （名） | facilities |
| 19. | 齐全 | qíquán | （形） | all complete |
| 20. | 引进 | yǐnjìn | （动） | introduce from elsewhere |
| 21. | 高档 | gāodàng | （形） | top grade; superior quality |
| 22. | 原材料 | yuáncáiliào | （名） | primary materials |
| 23. | 成本 | chéngběn | （名） | cost |
| 24. | 劳动密集型产业 | láodòng mìjíxíng chǎnyè | | labour-intensive industry |
| 25. | 前景 | qiánjǐng | （名） | prospect; vista |
| 26. | 创汇 | chuànghuì | （动） | earn foreign exchange |
| 27. | 控股 | kòng gǔ | （动） | controlling interest |
| 28. | 买断 | mǎiduàn | （动） | outright purchase |

# 第三课　合作共赢

1. 高中低档牛仔服装已逐渐为中国人所接受。
   在这里介词"为"意思是"被",常和"所"一起使用。

   > 例：(1) 他只买自己喜欢的东西,毫不为降价所动。
   > (2) 不为普通人所知的一家公司。
   > (3) 这款时尚新产品为众多商家所看好。
   > (4) 上海服装市场几乎为浙江品牌所垄断(forestall; monopoly)。

   练习：用括号中的词语完成对话：
   　　　A：新款汽车投放市场以后情况怎么样？
   　　　B：_____。(为……所关注)

2. 本项目投产后可实现年销售收入7500万元,可实现年利润1000万元。
   "实现"意思是"使……成为现实",如"实现理想、实现愿望、实现计划"等。

   > 例：(1) 我们的新品电脑可以帮助您实现梦想。
   > (2) 上半年中石化(Sinopec)公司实现营业收入5668亿元,同比增长15.40%。
   > (3) 公司正致力于实现资源利用最大化。
   > (4) 公司09年上半年实现扭亏为盈(turn from deficits to profits)。

   练习：用括号中的词语完成对话：
   　　　A：这个季度的产量和去年同期相比增加了多少？
   　　　B：_____。(实现)

3. 荣城金隆实业有限公司系综合性民营企业。
   "系"的意思是"是",用于书面语。

   > 例：(1) 张董事长系上海人。
   > (2) 这篇文章报道的内容确系实情。
   > (3) 这家跨国公司系国有大型企业。
   > (4) 这个招商项目系外资项目。

   练习：用括号中的词语完成对话：
   　　　A：这本小说里写的故事是真的吗？
   　　　B：_____。(纯系虚构)

☆练习☆

一、根据短文内容判断正误：

1. 广发公司只生产牛仔服装，不生产牛仔布料。　　　（　　）
2. 广发公司打算开发牛仔布生产项目。　　　　　　　（　　）
3. 广发公司目前的年利润为1000万元。　　　　　　 （　　）
4. 如果项目顺利的话，投资广发公司5年就可以收回投资。（　　）
5. 金隆公司拥有韩国、澳大利亚等国际市场。　　　　（　　）
6. 金隆公司的新项目目前只有一半的资金。　　　　　（　　）
7. 金隆公司所需要的投资额多于广发公司。　　　　　（　　）
8. 投资广发公司的资金所占股份比例可以超过50%。　（　　）

二、从课文中找出与下面词义对应的词语：

1. 扩大生产——扩产　　　　5. 投入生产——
2. 大概计算——　　　　　　6. 舒服的程度——
3. 当面商量——　　　　　　7. 完成工程——
4. 一年产量——　　　　　　8. 创造外汇收入——

三、把互相可以搭配的词语连线：

积累　　　　利润
下设　　　　经验
引进　　　　分公司
实现　　　　投资
收回　　　　国际市场
打入　　　　先进技术

四、读短文，比较两家企业的招商项目，完成下面表格：

| | 山东广发纺织有限公司 | 荣城金隆纺织有限公司 |
|---|---|---|
| 企业业务 | | |
| 企业规模 | | |
| 销售市场 | | |
| 招商项目 | | |
| 项目优势 | | |
| 所需资金 | | |
| 合作方式 | | |
| 预计收益 | | |

# 第三课 合作共赢

### 说一说

**企业招商咨询**

三个人一组,A是山东广发纺织有限公司代表,B是荣城金隆纺织有限公司代表,C是某家投资公司代表。C有意投资加盟其中一家纺织公司。参考前面的阅读材料和练习四的表格,C要向A和B提出一系列问题,然后根据A、B的回答决定到底与哪家公司合作。

参考问题和提示:
1. 贵公司从事纺织生产有多长时间的历史了?
2. 贵公司最有特色、销售最好的产品是什么?
3. 贵公司在完成新项目方面有哪些优势?
4. 其他如:公司规模、销售业绩、环境设施、信誉、投资金额、效益预测、合作方式、投资风险等等。

### 写一写

根据下面这篇网上招商启事(announcement),写一封回信,说明对该项目的加盟兴趣和合作意愿,并提出一些疑问,要求进一步商谈。

> **50—100万元资金电子商务项目贷款担保(guarantee)融资**
>
> 本人现经营一家网络公司,因有一个电子商务项目,急找有实力、有诚意的个人或企业参与。此项目合作方式灵活,贷款、参股都可!另外此项目已受到国外风险投资公司青睐(favor),并已签订合作意向!但为了保证融资成功,所以诚邀有实力的合作伙伴加盟开发一期的部分内容!项目市场潜力巨大,投资回报率高!现投入的资金为一期的部分投资,数额为50—100万元(此项目总投资为数亿元)。有意者请速与我联系!E-mail:touzi@sina.com,李先生。

### 综合运用

一、想一想在你生活中有哪些熟悉的店铺和公司是连锁店?几个人一组,选择其中一家连锁店,调查其加盟连锁店的情况和经营特点。

二、读下面的一段文字,根据张小姐的经营方式从以下几个方面讨论一下开加盟连锁店的利与弊。

> 现在有很多小的饰品店、冷饮店等,加盟的费用不高,但是选对店铺和产品还是很赚钱,加盟连锁一定要看准,并且早点介入,成功的可能性比较大。张小姐在某市加盟水云饰品连锁店,由于当时此类产品市场上比较少见,属于竞争少、利润高的行业,因此短短两年就赚了接近百万,等到各种饰品连锁店低价竞争时,她早就关门转行,开了一家眼镜店。

1. 资金成本
2. 经营内容
3. 品牌
4. 管理模式
5. 风险

## 商务背景知识链接

### 一、什么是连锁店?

连锁店(Chain Stores or Multiple-shops)是在核心企业或集团公司的领导或控制下,由分散经营同类商品或服务的零售企业,通过规范经营实现规模效益的经济联合体组织形式。其中:连锁店的核心企业称为总部、总店或本部,各分散经营的企业称为分店、分支店或成员店等。

### 二、连锁店的经营方式有哪些?

经营方式可分为直营连锁、加盟连锁(特许连锁)和自愿连锁。

1. 直营连锁RC(Regular Chain),指总公司直接经营的连锁店,即由公司本部直接经营投资管理各个零售点的经营形态,各连锁分店的所有权和经营权完全为总部所有,总公司拥有绝对的控制权和管理权。连锁店举办的各项活动如促销等,都由总部统一筹划。这种连锁方式有利于对市场的快速反应和一致性。

2. 加盟连锁FC (Franchise Chain),也叫特许加盟或者特许连锁,加盟总部以签订合同的方式,把总部的商标、产品、服务、广告、技术、管理经验及其他支援系统等授权给加盟者,加盟店自主管理运作,自负盈亏,自己承担营业费用,如房租、员工工资和水电费等,同时接受总部的监督。总部和加盟者依据合同按比例分配利润。

3. 自愿连锁VC (Voluntary Chain),即自愿加入连锁体系的商店。这种商店是原已存在的,而不是由连锁总公司辅导创立的,所以在名称上和加盟店

# 第三课　合作共赢

有所不同。自愿加盟体系中，商品所有权是属于加盟主所有，而运作技术及商店品牌则归总部所有。

## 三、加盟连锁经营的原则和特征

1. 三S原则：
   简单化（Simplification）；专业化（Specialization）；标准化（Standardization）
2. "十个统一"的特征：
   统一领导、统一商号、统一进货、统一价格、统一服饰装饰、统一广告宣传、统一经营形式、统一仓储运输、统一售后服务、统一管理体系

## 四、连锁经营在中国的发展

在中国内地，连锁经营的起步应该是皮尔·卡丹（Pierre Cardin）专卖店在1984年落户北京。随后连锁作为一种企业组织形式在中国发展迅猛，尤其是以食品、零售、餐饮业等行业最具代表性。

## 第四课

# 伯乐与千里马*
—— 招聘、应聘

### 课文

## 怎样进行招聘面试？

好的员工让您成功一半。任何一个企业都希望有优秀的人才加盟。然而，当我们通过一系列的招聘、筛选、初试、复试，录用之后发现，我们找到的人才并不是最理想的。这是什么原因呢？

通常情况下，企业的面试程序是这样的：

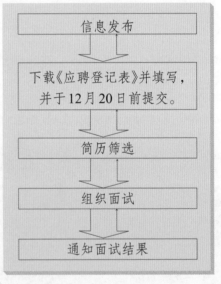

1. 人力资源部门的初步面试：主要是把握应聘者基本素质是否符合企业的用人要求。

2. 相关专业部门的专业面试：主要是把握应聘者专业素质与技能是否符合用人要求。

3. 中高层关键岗位人选，一般再加一两道面试程序，由高层领导面试。

没有经验、责任心一般的面试官们，只是程序化地问几个常识性的问题，应聘者要么提前准备好了台词，要么自我保护性地回答问题。在这种单刀直入、气氛尴尬的面试场景中，很难问出实质内容

---

*伯乐，中国古代人名，善于鉴别马匹优劣，现在比喻善于发现和选用人才的人。千里马，比喻优秀的人才。

## 第四课　伯乐与千里马

来。结果只能凭面试官自己的好恶感觉挑选一位,于是面试也就失去了意义。

在面试中,面试官应在最短的时间内把企业现状、发展前景和招聘岗位的相关要素告诉应聘者。应聘者听完面试官简短的聊天式介绍之后,会努力把自己最适合招聘职位、关联度最高的内容有选择地、用恰当的方式表述出来。

应聘者的这段演讲是应聘过程中最关键的部分,因为面试官可以据此看出应聘者的基本素质、从业经验和资源背景,更重要的是了解到应聘者的知识总量、思维宽度、速度、深度、精度、语言组织能力、逻辑能力、概括总结能力、应变能力等等,而这些是在简历、笔试中很难体现出来的。

### 词 语

1. 招聘　　　　zhāopìn　　　　（动）　　invite applications for a job
2. 应聘　　　　yìngpìn　　　　（动）　　accept an offer of employment
3. 面试　　　　miànshì　　　　（动）　　interview
4. 系列　　　　xìliè　　　　　（名）　　series; sets
5. 筛选　　　　shāixuǎn　　　（动）　　filtration
6. 录用　　　　lùyòng　　　　 （动）　　employ
7. 程序　　　　chéngxù　　　 （名）　　procedure
8. 人力资源　　rénlì zīyuán　　　　　　human resource
9. 部门　　　　bùmén　　　　 （名）　　section; department; branch
10. 把握　　　 bǎwò　　　　  （动、名）grasp; hold; assurance
11. 符合　　　 fúhé　　　　　（动）　　correspond
12. 技能　　　 jìnéng　　　　（名）　　craftsmanship; skill
13. 关键　　　 guānjiàn　　　（名）　　key point
14. 岗位　　　 gǎngwèi　　　 （名）　　one's duty; post
15. 领导　　　 lǐngdǎo　　　 （名）　　leader
16. 单刀直入　 dāndāozhírù　　　　　　come straight to the point
17. 尴尬　　　 gāngà　　　　 （形）　　embarrassed
18. 实质　　　 shízhì　　　　（名）　　substance; essence
19. 现状　　　 xiànzhuàng　　（名）　　present situation
20. 要素　　　 yàosù　　　　 （名）　　essential factor; key point

### 新丝路——高级速成商务汉语 I
XINSILU GAOJI SUCHENG SHANGWU HANYU I

| 21. 职位 | zhíwèi | （名） | position; post |
| 22. 关联度 | guānliándù | （名） | connected degree |
| 23. 资源 | zīyuán | （名） | resource |
| 24. 思维 | sīwéi | （名） | thinking; thought |
| 25. 逻辑 | luóji | （名） | logic |
| 26. 概括 | gàikuò | （动） | summarize; sum up |
| 27. 应变 | yìngbiàn | （动） | adapt oneself to changes |
| 28. 简历 | jiǎnlì | （名） | resume |
| 29. 笔试 | bǐshì | （名） | written examination |

 句 型

1. 当我们通过一系列的招聘、筛选、初试、复试、录用之后发现,我们找到的人才并不是最理想的。

   这里的"通过"表示以人或者事物为手段或媒介而达到某种目的。

   > 例：(1) 很多年轻人通过手机上网。
   > (2) 这笔钱他们打算通过银行汇款的方式支付。
   > (3) 我是通过网络了解这家公司的。
   > (4) 企业现状与企业期望的差距,可以通过调查得来。

   练习：用括号中的词语完成对话：
   A：你和S公司一般怎么联系？
   B：_____。(通过)

2. 中高层关键岗位人选,一般再加一两道面试程序,由高层领导面试。

   这里的介词"由"表示凭借或者某事归某人去做(done by sb.)。

   > 例：(1) 这个工作就由你来负责吧。
   > (2) 由公司员工组成的足球队赢了昨天的比赛。
   > (3) 企业培训(training)由三个要素构成：培训流程、培训课程和培训师。
   > (4) 工作职责包括工作的地点、任务、安全要求等通常由部门经理来介绍。

   练习：用括号中的词语完成对话：
   A：按照租房合同,水电费是房东承担吗？
   B：_____。(由)

3. 应聘者要么提前准备好了台词,要么自我保护性地回答问题。

   连词"要么"表示几种情况之间的选择关系。

## 第四课　伯乐与千里马

例：(1) 你要是跟他联系的话,要么打电话,要么发E-mail。
　　(2) 她去上班要么打车,要么走路,绝不坐公共汽车。
　　(3) 要么客户买单,要么你付钱。
　　(4) 要么你认错道歉,要么去打官司,反正这件事情不能算了。

练习：用括号中的词语完成对话：
　　A：公司不提供员工宿舍的话,员工住宿怎么解决呢?
　　B：_____。(要么……要么……)

4. 结果只能凭面试官自己的好恶感觉挑选一位。
　　介词"凭"表示根据、靠着。

例：(1) 到银行存取款得凭身份证办理。
　　(2) 我们要凭产品质量来打开市场。
　　(3) 凭我的经验判断,这样做可能有问题。
　　(4) 那家饭馆的菜很不好吃,服务也很差,凭什么收那么多钱?

练习：用括号中的词语完成对话：
　　A：在超市购买的食品如果有问题可以要求超市赔偿吗?
　　B：_____。(凭)

 ☆练习☆

一、理解"聘"和"职"两个字的意思,联想组词,可以查词典：

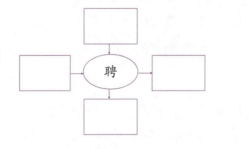 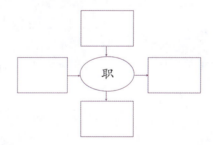

二、从课文中找出与下面词义对应的词语：
　　1. 第一次考试 —— 初试　　　　6. 根据这个情况 ——
　　2. 第二次考试 ——　　　　　　7. 从事某个职业 ——
　　3. 是不是 ——　　　　　　　　8. 重要的因素 ——
　　4. 喜欢或不喜欢 ——　　　　　9. 书面考试 ——
　　5. 现在的状况 ——　　　　　　10. 面试时的考官 ——

47

### 三、选词填空：

| 筛选 | 岗位 | 人才 | 把握 | 素质 |
| 逻辑 | 符合 | 责任心 | 尴尬 | 从业 |

1. 新店的一些管理(　　　)从现有员工中提拔,可以比通过外部招聘节省一些支出。
2. 企业要取得成功与发展,必须(　　　)两个方法,一是培训,二是变革。
3. 听了主人的话,他觉得离开不好,留下也不好,实在觉得(　　　)。
4. 公司招聘的(　　　)必须具有的最首要的素质就是诚信和热情。
5. 这件事情的发展实在太奇怪了,完全不符合(　　　)。
6. 我们认为要成为高(　　　)的管理者必须学习借鉴(benefit from sth.)别人成功的经验。
7. 接受培训是每个(　　　)人员享有的权利,同时也是每个在职人员应尽的义务(duty)。
8. 通过三轮的(　　　),他成为留下来的两个人之一。
9. 她在面试中的回答不(　　　)公司的要求。
10. 厂长的人选必须具备专业素质和很强的(　　　)。

### 四、参考括号里的词语完成对话：

1. A: 你们公司一般的招聘程序是什么样的？面试官都是哪些人呢？
   B: _____。(由　把握)
2. A: 为什么很多公司录用的人才不理想呢？
   B: _____。(实质　要么……要么)
3. A: 怎样才能在很短的面试时间里选出优秀的人才呢？
   B: _____。(通过　素质)
4. A: 面试时面试官应该做什么？不应该做什么？
   B: _____。(要素　凭)
5. A: 你认为企业最有效的招聘方式是什么？为什么？
   B: _____。(了解　能力)

 （录音文本见本书第112页）

### 词语

1. 魔方　　mófāng　　　　（名）　　magic cube
2. 拆开　　chāikāi　　　　（动）　　take apart; separate

## 第四课　伯乐与千里马

| | | | |
|---|---|---|---|
| 3. 敢作敢为 | gǎnzuògǎnwéi | | dare to do everything |
| 4. 漆 | qī | （名） | paint; lacquer |
| 5. 刷 | shuā | （动） | brush; scrub |
| 6. 创意 | chuàngyì | （名） | originality |
| 7. 软件 | ruǎnjiàn | （名） | software |
| 8. 领悟 | lǐngwù | （动） | comprehend |
| 9. 助理 | zhùlǐ | （名） | assistant |
| 10. 人缘 | rényuán | （名） | popularity; personality |
| 11. 勤劳肯干 | qínláokěngàn | | work hard |
| 12. 程序员 | chéngxùyuán | （名） | programmer |
| 13. 保管 | bǎoguǎn | （动） | safekeeping |
| 14. 财务 | cáiwù | （名） | financial affairs |
| 15. 爱莫能助 | àimònéngzhù | | willing to help but unable to do so |

**一、讨论回答下面的问题：**

1. 说话人做的是什么工作？
2. 说话人给了谁一个魔方？
3. 测试的题目是什么？
4. 为什么要出这样一个面试题目？
5. 你认为这个题目怎么样？这样的面试方法有效吗？

**二、听录音，填下表：**

| 应聘者表现 | 应聘者的素质 | 可以聘用的岗位 |
|---|---|---|
| 1. 把魔方拆开再安上 | 敢作敢为 | 开拓市场方面的工作 |
| 2. 用漆刷成六个颜色 | | |
| 3. 当天下午拿回魔方 | | |
| 4. 星期三之前拿回魔方 | | |
| 5. 周五之前拿回魔方 | | |
| 6. 拿回魔方说不会 | | |
| 7. 拿不回来 | | |

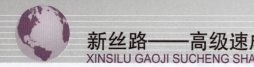

### 读一读

## 我的求职经历

我是学工商管理的，大学毕业后在一家国企做监管，可是后来公司裁员，我被解雇了。这几年因为经济不景气，就业比较困难，我曾在几家公司做过兼职，但时间都不长。前不久我在报上看到中利公司的招聘启事，决定抓住这个机会试一试，我应聘的职位是股票经纪人。在我投出求职信和简历的一个星期之后，终于接到了通知我参加面试的电话。周六上午9点，我准时到了面试地点，门口已经有30多位应聘者在等候了。

首先是笔试。秘书小姐按照每个人申请职位的不同给每位面试者分发不同的试卷。试卷上的题目好像跟我的专业不符，我大部分都不会做。交了试卷后等到下午两点，终于开始了第一轮的面试。面试官说话语速很快，主要是询问我以前的工作经历。半个小时后，他从秘书那儿拿了一份职位申请表让我填。我想这样是表示我这一轮面试顺利通过了。

下一轮是集体面试。经过前两轮的淘汰，这一轮只剩下12个人了。我们被分为两组进行集体面试。

首先是每个人轮流进行自我介绍：包括个人优缺点、未来目标等。接下来是小组讨论，论题是把你认为影响领导者权威的10个因素按照影响大小进行排序并说明理由。讨论过程中面试官一直站在旁边关注着我们的表现。我们推举了一位表达能力最好的人发言。可一位面试官说："你们这一组我指定一个人发言吧。"他指定的人竟然就是我！因为我没有准备，开始时非常紧张，但我站起来开始说话以后，我的紧张感突然全部消失了。我感觉自己的表现还不错，同组有两个成员对我的发言也做了很好的补充。这一轮讨论结束后，秘书小姐过来宣布面试到这里结束了。第三天我接到了复试通知。复试时面试官问："如果你的主管给你一个工作任务，本来按照正常情况要5个工作日完成，现在他要求必须在3个工作日内完成，这时你会怎么做？"我的回答是，既然主管这样要求，那么这件事肯定是非常紧急并且非常重要的，我可以先把工作任务进行一些分解，那么其中有些部分可以让身边的不是很忙的同事来帮助完成。然后他又问："如果你所有同事都很忙并且不能给你提供帮助，你会怎么做？"我说那可能要通过加班来完成。看得出来他对我比较满意。两个星期以后，我接到人事部主任的电话，他说本来我的专业不对口，学位也没有达到要求，但因为我在面试中的出色表现和对工作的热情，所以公司破格录用了我。

### 词语

1. 求职　　qiúzhí　　　（动）　　to apply for a job
2. 国企　　guóqǐ　　　（名）　　state-owned enterprise
3. 监管　　jiānguǎn　　（动）　　watch and control; take charge of

第四课　伯乐与千里马

| 4. 裁员 | cái yuán | （动） | reduce the staff |
| 5. 解雇 | jiěgù | （动） | dismiss; fire |
| 6. 景气 | jǐngqì | （形） | prosperity |
| 7. 就业 | jiù yè | （动） | obtain employment |
| 8. 兼职 | jiānzhí | （动、名） | plurality; part-time job |
| 9. 启事 | qǐshì | （名） | notice; announcement |
| 10. 股票 | gǔpiào | （名） | stock; share |
| 11. 经纪人 | jīngjìrén | （名） | broker |
| 12. 秘书 | mìshū | （名） | secretary |
| 13. 轮 | lún | （量） | turn |
| 14. 淘汰 | táotài | （动） | eliminate through selection |
| 15. 权威 | quánwēi | （名） | authority |
| 16. 因素 | yīnsù | （名） | factor; element |
| 17. 指定 | zhǐdìng | （动） | appoint; designate |
| 18. 主管 | zhǔguǎn | （动、名） | charge; director |
| 19. 同事 | tóngshì | （名） | colleague; fellow worker |
| 20. 加班 | jiā bān | （动） | work overtime;work an extra shift |
| 21. 人事部 | rénshìbù | | ministry of personnel |
| 22. 破格 | pògé | （动） | break a rule |

句型

1. 他指定的人竟然就是我！
   副词"竟然"表示出乎意料之外。

   > 例：（1）我新买的光盘竟然打不开。
   > （2）世界排名第一的网球选手竟然输给了不知名的选手。
   > （3）今天家里来电话,响了两声就挂了,我拨回去,竟然说是空号。
   > （4）我第一天刚上班,没犯什么错儿,竟然被老板辞退了。

   练习：用括号中的词语完成对话：
   　　A：你的电脑安装了杀毒软件后,发现病毒了吗?
   　　B：_____。（竟然）

2. 既然主管这样要求,那么这件事肯定是非常紧急并且非常重要的。
   "既然"表示先提出前提,而后加以推论,常和"就、也、还、那、那么"等搭配。

例：(1) 既然没有人反对，那么这个计划就通过了。
(2) 既然公司已经正式录用了你，那就应该给你上保险啊。
(3) 既然双方已经签订了合同，那就没办法再改变了。
(4) 既然允许先上车再补票，那么为什么没票就不让上火车呢?

练习：用括号中的词语完成对话：
A：那家公司要求太高了，我觉得还是不要去参加面试了，你说呢?
B：_____。(既然)

☆练习☆

一、根据文章内容判断正误：

1. 参加中利公司的招聘面试前，我刚从一家国企辞职。（　）
2. 我应聘的职位和我学的专业不对口。（　）
3. 我的笔试成绩很优秀。（　）
4. 笔试和第一轮面试淘汰了一多半的应聘者。（　）
5. 集体讨论时，小组的成员都推举我发言。（　）
6. 我的发言因为太紧张而表现不佳。（　）
7. 复试时面试官认为我的回答很好。（　）
8. 我因为学位太低所有最终没有被中利公司录用。（　）

二、选词填空：

| 裁员 | 解雇 | 就业 | 兼职 | 应聘 |
| 招聘 | 破格 | 权威 | 加班 | 对口 |

1. 最近公司的业务比较繁忙，所以几乎每天都要（　　）到晚上九十点钟。
2. 据调查，有27.3%的用人单位承认（　　）时偏向于男性。
3. 由于全球经济不景气，很多大公司决定大规模（　　），很多员工面临失业危机。
4. 今年北京市应届大学生的（　　）率为75%，也就是说，还有25%的人没找到工作。
5. 他是我们这个行业的（　　）人士，如果有什么专业问题可以向他请教。
6. 因为我的专业和职位不（　　），所以公司拒绝了我的求职申请。
7. 因为目前的职位工资比较低，所以我又找了一份（　　）工作，每周六也要上班。
8. 虽然她没有大学文凭，但她凭自己的聪明和勤奋使公司（　　）录用了她。
9. 他没有按时完成主管交给他的工作任务而被（　　）了。
10. 我打算去（　　）那家大型国企的销售部经理一职。

## 第四课　伯乐与千里马

### 三、在下面句子中填写合适的动词：

1. 我上个星期给那家招聘员工的公司（　　　）了一份简历。
2. 公司一般通过笔试（　　　）掉60％的应聘者。
3. 试卷上的题目他觉得很容易，不到一个小时他就（　　　）卷了。
4. 关于这个问题我先说明一下，如果有什么地方遗漏的话，请其他的同事（　　　）。
5. 因为他的外语水平没有（　　　）公司的要求，所以没有参加下一轮的面试。
6. 董事长要求每个部门（　　　）一个人参加副总经理的竞选。
7. 恭喜你，你的笔试和面试都（　　　）了，下个星期就可以来上班了。
8. 在公司全体会议上，总经理（　　　）了新任职的员工名单。

### 四、参考括号里的词语完成对话：

1. A：王强，再有两个月就要毕业了，找工作的事怎么样了？
   B：＿＿＿＿＿＿＿＿＿＿＿。（简历　应聘　通知）
   A：那看起来今年受经济影响，找工作不太容易啊。
   B：＿＿＿＿＿＿＿＿＿＿＿。（景气　就业　竟然）
   A：既然找工作这么困难，那就不要太着急了，慢慢来吧。
   B：＿＿＿＿＿＿＿＿＿＿＿。（兼职　勤劳肯干）

2. A：怎么好久不见小张来上班了，他是不是出差了？
   B：哪儿啊，＿＿＿＿＿＿＿＿＿＿＿。（裁员　解雇）
   A：是吗？那你最近和他还有联系吗？他在哪儿工作？还好吧？
   B：＿＿＿＿＿＿＿＿＿＿＿。（录用　加班）

### 五、根据提示复述"我的求职经历"：

1. 我的专业和工作经历
2. 招聘启事、求职信和简历
3. 一个星期后，周六上午9点
4. 笔试
5. 下午两点第一轮面试、填写职位申请表
6. 集体面试
7. 三天以后，复试
8. 两个星期以后

**说一说**

### 一、分组讨论：

现在很多企业在面试中使用下面这样的测试题，你认为下面的两道题应该怎么回答？你觉得这样的面试题怎么样？

# 新丝路——高级速成商务汉语 I
## XINSILU GAOJI SUCHENG SHANGWU HANYU I

问题1:一个没有窗户的封闭房间里有三个灯,开关在房间外边,只能进房间一次,怎样找出三个开关各自对应哪个灯?

问题2:为什么下水道的盖子是圆的?

二、下面是面试时常见的问题,试一试怎么回答?

1. 你为什么选择应聘本公司的这个职位?
2. 你认为公司所处的行业前景如何?
3. 你是否愿意从基层(grass-roots)做起?
4. 你对未来有何打算?
5. 你认为你从事这个工作的优势和劣势(inferior position)是什么?

三、下面是经过调查后统计出的人事主管(person in charge)常问的面试问题,选择每个问题后你认为比较好的回答,并说明理由。

问题1:你为什么想离开以前的公司?
    A. 别的同事认为我是老板的红人,处处排挤(expel)我。
    B. 调薪的结果让我十分失望,和我的付出不成正比。
    C. 老板不相信我,很难做事。
    D. 公司运营状况不好,大家都想离开。

问题2:你对我们公司了解有多少?
    A. 贵公司的股票价格在去年8个月的时间里都高居首位。
    B. 贵公司连续3年被评选为"求职者最想进入的企业"的第一名。
    C. 不是很清楚,能否请您做些介绍。
    D. 贵公司有意加强与国外大厂的合作,创建自有品牌。

问题3:你找工作时,最重要的考虑因素是什么?
    A. 公司的远景及产品竞争力。
    B. 公司对员工工作规划的重视和人性化的管理。
    C. 工作的性质是否能让我发挥特长,并不断成长。
    D. 合理的待遇(pay; salary)和主管的管理风格(style)。

问题4:为什么我们应该录用你?
    A. 因为我相信我比别人都优秀。
    B. 因为我有很强的信心接受挑战,想要与贵公司共同成长。
    C. 您可以由我过去的工作表现看出我全力以赴的工作态度。
    D. 我在这个行业已工作了8年,经验丰富。

问题5:请谈谈你个人的最大特点。
    A. 我人缘很好。
    B. 我很有毅力,事情没有做到一个令人满意的结果,绝不罢手。
    C. 我非常守时,从没有迟到过。
    D. 我的个性很随和,是大家公认的好好先生(小姐)。

# 第四课　伯乐与千里马

### 写一写

根据下面的招聘启事中某项职位的要求写一封求职信并填写后面的简历：

## 杂志社高薪诚聘

**发行主管：**男，40岁以下，大学本科以上学历，有3年以上的发行工作经验，有较强的管理组织协调能力，具有开拓进取的工作精神和与人合作的团队意识，爱岗敬业，有相关工作经验者优先。待遇面议。

**办公室主任：**年龄性别不限，大专以上学历，工作责任感强，有良好的表达及沟通能力，能熟练使用办公软件。有一年以上管理经验者优先录用。简历中请附近期照片一张。

---

### 简　历

求职意向：_____

姓名：_____　性别：____　出生年月：____年___月___日　所在地区：_____

学历：_____　专业：_____　婚姻状况：_____　目前年薪：_____

联系方式：住宅电话：_____　手机：_____

通信地址：_____　邮政编码：_____

最高学历：_____　最高学历学校：_____　专业：_____　时间：____年___月至___年___月

教育情况描述：(如：所修课程、在学校所参加的组织活动、担任职务、获奖情况、发表的文章等，请依据个人情况酌情增减)

_____

_____

外语能力：外语一：基本技能：_____　通过标准测试：_____

外语二：基本技能：_____　通过标准测试：_____

工作经历：____年___月—____年___月_____公司_____部门_____工作

个人能力：(如电脑能力、组织协调能力或其他)

_____

个人爱好：(突出自己的个性、工作态度或他人对自己的评价等)

_____

其他说明：(如获奖情况等)

### 综合运用

**模拟活动：招聘面试**

按照"写一写"中的两个招聘岗位全班分为两个面试组，每组选出2—3人的面试官小组，其他同学为应聘者。面试官要根据应聘者提供的简历和应聘意向进行面试，每个应聘者的面试时间不超过5分钟。然后面试官小组要向全班报告面试结果和录用理由。

**要求：**

1. 面试官要就应聘者工作经历、专业素质、兴趣特长等方面至少提3个问题。
2. 应聘者要认真回答面试官的问题，也可以向面试官提问。

**参考材料：**

不同职位对应聘者素质要求的重点不同，因此考官在面试时所提的问题也不尽相同。某就业指导服务中心为毕业生列出了面试中常见的一些问题：

1. 你有什么优缺点？
2. 你有什么特长和爱好？
3. 你对自己的学习成绩是否满意？你如何评价你的大学生活？
4. 你担任过何种社会工作，组织参加过何种社会实践和社会活动？
5. 你懂何种外语？熟练程度如何？
6. 你为什么要应聘这个职位？
7. 你对本行业、本单位、本职位有何了解？
8. 你认为你适合做什么样的工作？
9. 你找工作考虑的重要因素是什么？
10. 如果单位的安排与你的愿望不一致，你是否愿意服从安排？
11. 如果工作安排与你的专业不对口，你如何考虑？
12. 如果本单位和另外一个单位同时聘用你，你将如何选择？

应聘者可以向面试官提的问题：

1. 贵公司对这项职务的工作内容和期望目标是什么？
2. 贵公司是否有正式或非正式教育培训？
3. 贵公司在海外有多家分公司，将来是否有外派、轮调的机会？
4. 贵公司是否有资深的人员能够带领新员工，并让新员工有发挥的机会？
5. 贵公司是否鼓励在职进修？对于在职进修的费用是怎么规定的？

第四课　伯乐与千里马

商务背景知识链接

一、中国各级行政部门名称及干部称谓

http://www.gov.cn/index.htm

中华人民共和国国务院，即中央人民政府，是最高国家权力机关的执行机关，是最高国家行政机关，由总理、副总理、国务委员、各部部长、各委员会主任、审计长、秘书长组成。国务院实行总理负责制。改革开放以来，中国进行了多次政府机构改革，2008年改革后的国务院机构情况如下：

1. 国务院组成部门（27个）：

| | | |
|---|---|---|
| 外交部 | 国防部 | 教育部 |
| 科技部 | 工业和信息化部 | 国家民族事务委员会 |
| 公安部 | 国家安全部 | 监察部 |
| 民政部 | 司法部 | 财政部 |
| 国土资源部 | 环境保护部 | 住房和城乡建设部 |
| 铁道部 | 交通运输部 | 水利部 |
| 农业部 | 商务部 | 文化部 |
| 卫生部 | 人民银行 | 审计署 |

人力资源和社会保障部　　人口和计划生育委员会
国家发展和改革委员会（简称发改委）

2. 国务院直属机构（16个）：

| | | |
|---|---|---|
| 海关总署 | 税务总局 | 工商行政管理总局 |
| 质量监督检验检疫总局 | 广播电影电视总局 | 新闻出版总署（版权局） |
| 体育总局 | 安全生产监督管理总局 | 统计局 |
| 林业局 | 知识产权局 | 旅游局 |
| 宗教事务局 | 参事室 | 国务院机关事务管理局 |
| 国家预防腐败局 | | |

3. 机关、事业单位管理人员级别：

正、副厅局（长）级

正、副处长级
正、副科长级
科员、办事员级

### 二、公司一般职位

董事长;总经理;副总;总经理助理;秘书;人力资源总监;销售总监;生产总监;业务主管;各个部门(如研发、宣传、质检等)经理(部长、主任);客户经理;经理助理;业务代表

# 第五课

## 家和万事兴
—— 福利、待遇

### 课文

## 保险业的待遇

美国友邦保险有限公司（American International Assurance Company, Ltd.）1992年带入中国的保险代理人制度,1994年传到江苏。江苏的13万保险代理人中不乏年薪百万者。记者找到南京一家寿险公司督导级的人物路先生,他初步估算,自己今年前9个月的收入已达到90万元。

路先生表示,不同险种成功推销出去后,提取的佣金比例都不一样,低的只有首期保费的5%,高的50%都有可能。第二年第三年续交的保费,佣金将继续从中提取,但比例会有所降低。

要想获得高薪,就必须不断提升,在更高的职位上领取"管理津贴"。而管理津贴只有高级代理人才能享受到。据了解,保险公司对代理人有很严格的考核制度。普通业务员几个月做不到业务,就要被淘汰,而从普通业务员坐到督导的位置,有主任、经理等好几个等级要慢慢爬,每个等级又有高级、资深等好几个档次——一切都要靠业绩说话。

## 词语

| | | | | |
|---|---|---|---|---|
| 1. 福利 | fúlì | （名） | benefit; welfare |
| 2. 待遇 | dàiyù | （名） | treatment |
| 3. 保险 | bǎoxiǎn | （名） | insurance |
| 4. 代理人 | dàilǐrén | （名） | agent; attorney |
| 5. 制度 | zhìdù | （名） | system |
| 6. 年薪 | niánxīn | （名） | yearly stipend |
| 7. 寿险 | shòuxiǎn | （名） | life insurance |
| 8. 督导 | dūdǎo | （动） | supervise |
| 9. 初步 | chūbù | （形） | initial; accidence |
| 10. 估算 | gūsuàn | （动） | rough estimate |
| 11. 险种 | xiǎnzhǒng | （名） | insurance types |
| 12. 推销 | tuīxiāo | （动） | sale promotion |
| 13. 佣金 | yòngjīn | （名） | commission;brokerage;middleman's fee |
| 14. 保费 | bǎofèi | （名） | insurance premium |
| 15. 提升 | tíshēng | （动） | promote; advance |
| 16. 津贴 | jīntiē | （名） | allowance |
| 17. 考核 | kǎohé | （动） | assess; check; examine |
| 18. 资深 | zīshēn | （形） | senior |
| 19. 业绩 | yèjì | （名） | outstanding achievement |

## 句型

1. 江苏的13万保险代理人中不乏年薪百万者。
   "不乏"意思是"不缺少"，表示有一定的数量。

> 例：(1) 在那个歌星的歌迷中不乏老年人。
> (2) 这款服装的样式简单又不乏时尚。
> (3) 在他们的球队中不乏好手。
> (4) 工薪阶层中不乏高收入者。

练习：用括号中的词语完成对话：
A：参加这次展览会的企业有跨国集团公司吗？
B：＿＿＿＿＿＿＿＿＿＿＿＿＿＿＿＿。（不乏）

第五课　家和万事兴

2. 一切都要靠业绩说话。
　　"靠……说话"意思"依靠……来决定"。

> 例：(1) 销售量能不能提高还得靠产品质量说话。
> 　　(2) 你自己说学习好不行，要靠考试成绩来说话。
> 　　(3) 比赛的输赢靠球队的实力说话，不靠奖金说话。
> 　　(4) 打官司要靠事实证据说话。

　　练习：用括号中的词语完成对话：
　　　　A：我觉得这个项目一定能赚大钱，你不觉得吗？
　　　　B：_____。(靠……说话)

☆练习☆

一、理解"薪"和"保"两个字的意思，联想组词，可以查词典：

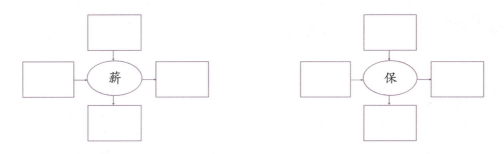

二、从课文中找出与下面词义对应的词语：
　　1. 一年的薪水——年薪　　　5. 保险费用——
　　2. 人寿保险——　　　　　　6. 比较高的薪水——
　　3. 估计计算——　　　　　　7. 资格比较老的——
　　4. 保险种类——　　　　　　8. 工作的成绩——

三、把互相可以搭配的词语连线：
　　提取　　　　保费
　　续交　　　　员工
　　考核　　　　佣金
　　享受　　　　产品
　　推销　　　　职位
　　提升　　　　津贴
　　做　　　　　业务

四、根据短文内容，回答问题：
　　1. 路先生是一个什么样的人？
　　2. 保险代理人的收入来源是什么？

3. 什么样的人可以享受管理津贴?

4. 普通业务员提升的话,有哪些级别?

**五、参考括号里的词语完成对话:**

1. A:你觉得做保险代理人的话,收入怎么样?
   B:_____。(不乏)

2. A:这次的新产品推销结果怎么样?
   B:_____。(估算　比例)

3. A:在你们公司高层管理人员的收入怎么样?
   B:_____。(享受　领取)

4. A:我们俩做的是一样的工作,凭什么他的工资比我高呢?
   B:_____。(靠……说话)

## 听一听　(录音文本见本书第112页)

## 词语

| | | | | |
|---|---|---|---|---|
| 1. 规定 | guīdìng | (动、名) | stipulate; prescribe; stipulation |
| 2. 试用 | shìyòng | (动) | probation |
| 3. 工资 | gōngzī | (名) | salary; wages; pay |
| 4. 标准 | biāozhǔn | (名) | standard; criterion |
| 5. 补贴 | bǔtiē | (动、名) | subsidy; allowance |
| 6. 期满 | qīmǎn | (动) | expiration |
| 7. 养老 | yǎng lǎo | (动) | provide for the aged |
| 8. 工伤 | gōngshāng | (名) | injury suffered on the job |
| 9. 医疗 | yīliáo | (动) | medical treatment |
| 10. 失业 | shī yè | (动) | unemployment |
| 11. 人身意外 | rénshēn yìwài | | personal injury caused by an accident |
| 12. 加薪 | jiā xīn | | raise sb.'s wages |
| 13. 补助 | bǔzhù | (动、名) | subsidy; allowance |
| 14. 奖励 | jiǎnglì | (动) | encourage and reward |
| 15. 扣除 | kòuchú | (动) | deduct |
| 16. 奖金 | jiǎngjīn | (名) | bonus |

## 第五课　家和万事兴

17. 报销　　bàoxiāo　　（动）　submit an expense account; apply for reimbursement

一、听录音，然后回答下面的问题：
1. 该公司的试用期是多长时间？
2. 如果正式员工的工资是5000元，那么在试用期的员工工资是多少钱？
3. 员工需要自己找住房和解决午餐吗？
4. 公司会给正式员工上医疗保险吗？
5. 除了基本工资以外，员工还有其他收入吗？
6. 公司会不会为员工进行身体检查？多长时间体检一次？
7. 关于加班和休假，公司是怎么规定的？
8. 销售业务员完成比较多的销售量有什么样的奖励？
9. 手机话费和交通费可不可以报销？能报销多少钱？

二、再听一遍录音，在下面句子的空白处填上合适的词语：
1. 关于员工的（　　　　）问题是大家都非常关心的。
2. 试用期间的基本工资是该（　　　　）工资的80%。
3. 公司（　　　　）宿舍和午餐，用餐（　　　　）是每人每天不少于10元。
4. 公司会为正式员工办理国家（　　　　）规定的五种保险，也就是基本养老保险、（　　　　）保险、基本医疗保险、（　　　　）保险和人身意外保险。
5. 员工每年享有10天的（　　　　），节假日加班领取双倍（　　　　）。
6. 销售业务员如果连续三个月没有完成包销任务，公司会扣除（　　　　）。

### 读一读

## 大学生就业薪酬调查

为了了解目前大学生就业的薪酬情况，我们于2008年8月做了一次问卷调查，调查对象是100名从2004年到2008年的大学本科毕业生，职业包括公务员、教师、工程师、助理、文秘、业务员、技术员、会计、广告策划、金融顾问、记者等。

根据统计，这100名大学生工作第一个月的工资平均为1671元，其中，1001—2000元这个档次占了七成多。2005年毕业的小陈在一家网络公司做电子商务工作，主要职务是营销，底薪800元，其他收入就靠提成和年终分红。他第一个月工资就只有底薪，因为没有经验，没有完成一笔业务。不过第二个月他就拿到1000元月薪，他拉到了第一笔业务，从中提成的200元成为他的奖金。第一个月工资3000元以上的相对较少，不到一成。从职业上看，主要有公务员、IT行业技术人员、媒体从业人员、教师、垄断性行业人员等。

据调查，这些大学生目前的月平均工资为2787元，其中，2001—3000元这个档次为多数，占了四成。大学生们在工作几年后，随着经验、资历、业绩的增加，收入都普遍上涨了。工资在2000元以下的比例下降到三成多,高收入者也逐渐增多,3000元以上的占了1/4,其中不乏月薪近万元的高收入者。这些高收入者的职务有很大一部分和刚工作时有了变化,有的从原来的职员、技术员变成了部门经理、组长、主管等,也有的从原单位辞职,跳槽到更适合自己的公司,从事新的工作,更有少数人选择了自己创业。

统计发现,这5年来,每年的应届大学毕业生工作后的第一个月工资,总体上呈逐渐上升的趋势。2008年和2004年相比,增长了500多元。其中,2006年大学毕业生的第一个月工资显著增加,突破了2000元。记者发现,主要是因为此次调查的该年度毕业的20位大学生中,有多位从事与房地产相关的行业,收入较高,从而拉高了平均水平。

通过以上的调查,我们建议还在求职的大学生,不要抱怨自己的报酬太低或者分配不公平,积极地迎接挑战,先积累经验和提高能力才是最关键的。

(改写自中华英才网,《晒出你的工资!》2008-08-15)

## 词语

| | | | | |
|---|---|---|---|---|
| 1. | 薪酬 | xīnchóu | (名) | salary; pay |
| 2. | 调查 | diàochá | (动、名) | investigate; research; survey |
| 3. | 职业 | zhíyè | (名) | occupation |
| 4. | 公务员 | gōngwùyuán | (名) | government officials |
| 5. | 广告 | guǎnggào | (名) | advertisement |
| 6. | 策划 | cèhuà | (动) | mastermind; plan |
| 7. | 顾问 | gùwèn | (名) | adviser; consultant |
| 8. | 成 | chéng | (量) | one tenth |
| 9. | 电子商务 | diànzǐ shāngwù | | e-commerce |
| 10. | 职务 | zhíwù | (名) | post; duties; job |
| 11. | 底薪 | dǐxīn | (名) | basic salary |
| 12. | 提成 | tíchéng | (动、名) | take a percentage |
| 13. | 分红 | fēn hóng | (动) | share out bonus |
| 14. | 行业 | hángyè | (名) | trade; profession |
| 15. | 媒体 | méitǐ | (名) | medium |
| 16. | 垄断 | lǒngduàn | (动) | monopolize |
| 17. | 资历 | zīlì | (名) | qualifications and record of service |
| 18. | 下降 | xiàjiàng | (动) | fall; descend; go down |
| 19. | 职员 | zhíyuán | (名) | office worker; staff member |

第五课　家和万事兴

| | | | |
|---|---|---|---|
| 20. 辞职 | cí zhí | （动） | resign; hand in (send in) one's resignation |
| 21. 跳槽 | tiào cáo | （动） | get a new employment |
| 22. 创业 | chuàngyè | （动） | carve out |
| 23. 趋势 | qūshì | （名） | trend direction; tendency |
| 24. 显著 | xiǎnzhù | （形） | notable; outstanding; remarkable |
| 25. 年度 | niándù | （名） | annual; yearly |
| 26. 房地产 | fángdìchǎn | （名） | real estate |
| 27. 报酬 | bàochou | （名） | reward; remuneration |
| 28. 分配 | fēnpèi | （动） | distribute; share; divide |
| 29. 挑战 | tiǎozhàn | （动） | challenge |

 句型

1. 1001—2000元这个档次占了七成多。
   这里的"成"表示十分之一的比例，"七成"就是70%。

   > 例：(1) 奥运期间北京的住宅销量同比下降了七成。
   > (2) 据调查，四成月收入在2000元以下的家庭认为物价过高。
   > (3) 深圳各大银行把第二套房的房贷首付比例提高到了四成。
   > (4) 六成多面临就业的大学生预期月薪只有一到两千元。

   练习：用括号中的词语完成对话：
   　　　A：你觉得在股市中有多少人真的能赚钱？
   　　　B：_____。（成）

2. 每年的应届大学毕业生工作后的第一个月工资，总体上呈逐渐上升的趋势。
   "呈……趋势"意思是"出现……的发展方向"。

   > 例：(1) 患这种病的人呈低龄化趋势。
   > (2) 部分地区的人口数量呈负增长趋势。
   > (3) 近几年，城乡居民收入差距呈扩大化趋势。
   > (4) 未来中国居民消费呈多样化趋势。

   练习：用括号中的词语完成对话：
   　　　A：你觉得今后几年中国消费者对网络的需求会有什么变化？
   　　　B：_____。（呈……趋势）

3. 有多位从事与房地产相关的行业，收入较高，从而拉高了平均水平。
   这里的"从而"表示结果或进一步的行动。用于后一小句开头，沿用前一小句的主语，一般用于书面语。

> 例：（1）医生建议学生每天减少面对电脑屏幕的时间，从而保护视力。
> （2）各公司大规模裁员引起员工不满从而引起了大罢工。
> （3）公司必须对市场变化做出快速反应，从而避免被市场淘汰。
> （4）电脑用户要经常升级杀毒软件，从而保障电脑运行安全。

练习：用括号中的词语完成对话：
  A：为什么很多公司都努力为员工提供各种福利？
  B：_____。（从而）

 ☆练习☆

一、快速阅读文章，找出下面与这次调查有关的数据信息：
  1. 调查了多少位大学生？
  2. 这些被调查的大学生工作后的一个月的平均工资是多少？
  3. 第一个月工资在1000到2000元之间的大学生占多大比例？
  4. 第一个月工资超过3000元的大学生占多少？
  5. 这些被调查者工作几年后现在的平均工资是多少？
  6. 现在月薪在2000元以下、2000—3000元、3000元以上的被调查者分别占多大比例？

二、选词填空：

> 薪酬　　策划　　职业　　职务　　行业
> 垄断　　资历　　创业　　报酬　　分配

1. 我想麻烦他帮我翻译一篇文章，（　　）是每千字200元。
2. 参加这次会议的有来自家电、电子、美容等十多个（　　）的企业代表。
3. 英特尔的竞争对手们一直声称这家芯片巨头的商业行为（　　）了市场。
4. 现在就业这么困难，所以很多大学生干脆自己开公司（　　）了。
5. 上海广发公司的平均（　　）比该地区高出20%，部门经理年薪达30万元。
6. 如果比（　　）的话，他比我老多了，他十年前就已经是公司的部门经理了。
7. 这个广告非常重要，所以公司打算请创意总监(chief inspector)亲自（　　）广告方案。
8. 他从事医生这个（　　）已经有20多年了，经验非常丰富。
9. 他打算辞去副主席这个（　　），做自己喜欢的技术工作。
10. 建立公平合理的收入（　　）制度是一个公司成功的关键之一。

## 第五课　家和万事兴

三、在下面句子中填写合适的动词：

1. 为了了解目前大学生就业的薪酬情况，我们于2008年8月（　　　）了一次问卷调查。
2. 大学生工作第一个月的工资平均（　　　）1671元。
3. 工作第二个月，他才（　　　）到了第一笔业务。
4. 他每个月工资能（　　　）到5000元。
5. 2001—3000元这个档次为多数，（　　　）了四成。
6. 小王从原单位辞职，（　　　）到一家大型跨国公司，（　　　）营销工作。
7. 2006年大学毕业生的第一个月工资显著增加，（　　　）了2000元。
8. 他在同事面前常常抱怨上司（　　　）给他的工作任务太多。
9. 虽然我学的专业不对口，在工作中有很多困难，但我愿意（　　　）挑战。
10. 他在工作中不断（　　　）经验，很快就成了一名资深业务员。

四、参考括号里的词语完成对话：

1. A：2005年大学毕业的小陈开始工作后第一个月和第二个月的工资有什么变化？
   B：_____。（底薪　业务　提成）
2. A：大学生工作几年后薪酬上涨的幅度大不大？为什么？
   B：_____。（随着　资历）
3. A：高收入者现在的职务和刚工作时相比有什么变化？
   B：_____。（提职　辞职　创业）
4. A：从2004年到2008年，应届毕业的大学生第一个月的工资有什么变化？
   B：_____。（总体　呈……趋势）
5. A：为什么在调查中2006年毕业的大学生的工资特别高？
   B：_____。（从事　从而）

### 说一说

一、熟读下面句子，学习表达对薪酬待遇的要求：

1. 待遇方面，本人希望月薪起薪为6500元。
2. 关于薪金，本人要求年薪6万元，同时希望获得销售额1%的分红。
3. 底薪少一点没关系，不过我希望公司能提供宿舍。
4. 关于薪金，请考察本人的工作能力后再决定吧。
5. 试用期内，我可以接受薪水低一点。
6. 按照公司规定，我部门员工年终奖金的发放标准是由公司年终考核评价结果而确定。去年我的考核结果是优秀，年终奖应该是A级，可财务部是按B级发的，希望公司把差额部分补发给我。

## 二、角色扮演：

你是某公司的人力资源部主任，公司最近招聘了一位销售部经理王伟，请你给他打电话：

1. 通知他公司的录用决定
2. 说明他的工作职位
3. 说明公司给他的待遇

### 写一写

下面两个图表是深发投资公司员工2008年职务、学历与薪酬关系表，请根据这两个图表写一篇200字以上的短文：

1. 简单描述图表内容
2. 说明职务、学历与薪酬的关系特点

图1　职务/岗位与薪资水平关系图

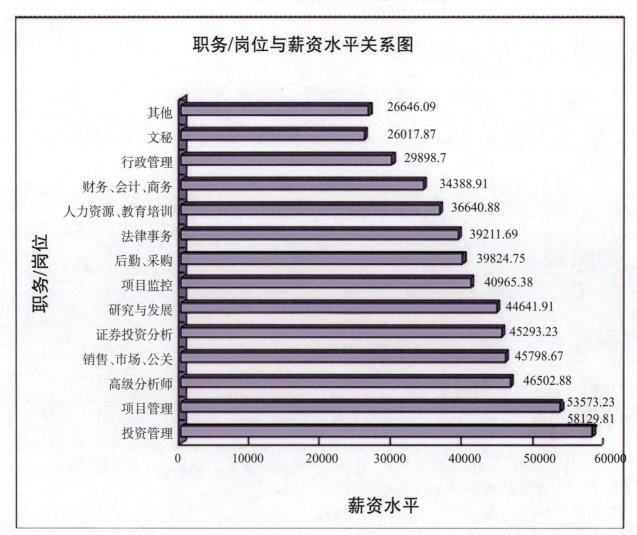

# 第五课　家和万事兴

图2　不同学历人员的年平均薪资一览表

**综合运用**

四个人一组,课后阅读下面有关"宏远公司的薪酬制度"的信息资料,共同完成下面的任务:

一、四个人的角色分别为：A. 宏远公司总裁张宏
　　　　　　　　　　　B. 部门经理
　　　　　　　　　　　C. 职能部门员工：人力资源专业人员
　　　　　　　　　　　D. 操作类岗位员工：普通工人

二、四个人一起开个会,思考并讨论以下问题：
　　1. 宏远公司的薪酬制度合理吗？存在哪些问题？为什么员工不满意？
　　2. 如果宏远公司要进行薪酬制度改革工作,你会提出什么样的建议？应该怎么改革才能激励员工努力工作？

三、各组在课堂上提交一份口头或者书面报告,题目是：
　　"宏远公司的薪酬制度存在的问题和改革方案"

**阅读材料**

　　宏远公司是一家投资公司,由于前几年金融行业比较景气,公司获得了长足的发展,员工收入水平增长很快。但是近两年来,金融行业的竞争越来越激烈,企业经营形势也逐渐严峻。目前,最让公司董事会头痛的是公司全面分红制奖金计划面临危机。

分红制奖金计划是前些年宏远公司在销售额和利润猛增时，依据对员工态度的调查，大多数人宁愿要奖金分红而不愿要其他形式的福利而制定的。公司的薪酬计划提供的基本工资比当地同类工作的工资水平低20%，但是公司每季度分配的奖金平均为基本工资的50%以上，这使得员工的平均薪酬比该地区高出20%。因此，公司将福利水平保持在最小值，没有什么补贴，只有最基本的社会保险和带薪假期。然而因为平均薪酬高，员工认为还是比较合算。但是今年公司的利润显著下降，按利润分配的奖金估计还不到往年的一半。在不久前的总经理办公会议上，公司总裁张宏宣布，由于公司人工成本比较高，企业打算再普遍小幅度地降低员工奖金水平，以帮助公司渡过经营难关。

在宏远公司，经营管理层（公司总裁、副总裁、部门经理）的报酬采用年薪制，年薪收入由基本年薪＋奖励年薪＋超值年薪三部分构成。其中基本年薪水平分别为10万元/年、8万元/年、6万元/年，按月发放。奖励年薪根据关键业绩指标的达成情况确定。超值年薪根据当年完成指标的超额情况确定。副总裁的奖励年薪按总裁奖励年薪的50%—30%的比例确定，部门经理的超值年薪按总裁奖励年薪的30%—10%的比例确定。公司自实行年薪制的三年来，总裁的年薪总额基本都在100万元以上，而部门经理的年薪没有超过30万元的。这种状况引起了大多数部门经理的不满。

宏远公司员工的主要收入是工资加奖金。公司根据工作的难度、重要性把职务价值分为A、B、C、D、E五个序列。不同序列的工资标准差别并不大。例如：职能部门员工（人力资源专业人员、财务人员、审计人员、网络维护员等）属于B序列，他们的平均月工资一般介于2000元和2500元之间，而操作类岗位员工（保安、接待员、收发员、物品保管员、生产线上的工人等）属于A序列，他们的平均月工资一般介于1800元和2400元之间。所有的操作类岗位员工都对自己的收入非常满意，但几乎所有的职能部门员工都对自己的收入不满意。对此，能够听到的最普遍的答案是：操作类岗位员工的工作环境比较差，比如经常出差、工作场所没有空调等等；而职能部门员工在行政大楼内办公，不仅工作环境好，而且比较"清闲"。

另外，员工每月的奖金是根据工作表现支付的。员工只有触犯了企业的规章制度，或者出现了工作失误或事故，才会扣除部分或全部奖金。但是一般来说，如果员工按部就班地做自己的工作，违反规章制度或者出现工作事故的可能性不大，所以，员工几乎都能足额获得月度奖金。显然，在同一部门中，岗位相同或者相似的员工无论工作业绩出色还是工作业绩平平，薪酬都没有太大的差别。

因此，公司打算普遍小幅度地降低员工奖金水平，以帮助公司渡过经营难关的消息一经传出，马上遭到了员工的强烈反对，员工们认为自己的工作比以前更辛苦了，不应该降低收入水平。因此，大家对降薪的事议论纷纷……

# 第五课　家和万事兴

商务背景知识链接

### 一、关于福利

　　福利,是指企业为了激励员工而采用的非现金形式的报酬。福利与津贴的最大差别就是,福利是非现金形式的报酬,而津贴是以现金形式固定发放的。福利是工资外的收入,工资有一定的标准,福利就随意得多了,发多发少,全看单位的效益,单位与单位之间的差别往往大得惊人。福利与奖金也有所不同,奖金虽然也是工资外收入,但是按照贡献大小发放的,而福利则不论贡献大小,人人皆有。

　　员工个人的福利项目一般可以分成三类。第一类是强制性福利,企业必须按政府规定的标准执行,比如养老保险、失业保险、医疗保险、工伤保险、住房公积金等。第二类是企业自行设计的福利项目,常见的如补充医疗保险、家庭财产保险、旅游、服装、误餐补助或免费工作餐、健康检查、俱乐部会费、提供住房或购房支持计划、提供公车或报销一定的交通费、话费补贴、带薪假期等。第三类是职务引发的消费以及弱势群体的待遇。企业福利项目设计得好,不仅能使员工增加对企业的忠诚,而且可以节省个人在所得税上的支出,同时还可以提高企业在社会的声望。有资料显示:在外企,如果把员工的福利折算成金额的话,其在员工薪酬总额中的平均比重高达38.6%。

### 二、关于职工薪酬

　　职工薪酬,包括企业为职工在职期间和离职后提供的全部货币性薪酬和非货币性福利。提供给职工配偶、子女或其他被赡养人的福利等,也属于职工薪酬。

　　员工的薪酬一般包括以下几大部分:

1. 基本薪酬即本薪,在公司内部,员工之间的基本薪酬差异是明显的,一般能升不能降,表现出较强的刚性。
2. 奖金,薪酬反映员工的工作业绩的部分为绩效奖金,薪酬反映公司的经济效益部分为效益奖金。
3. 津贴,是对一些特殊的工作岗位的补偿。
4. 福利,是人人都能享受的利益,它能给员工以归属感。福利特别强调其长期性、整体性和计划性。

# 第六课

## 众人拾柴火焰高
—— 团队、培训

**课文**

### 企业员工培训

以往,一说到福利,就会想到领的奖金、分配的住房。如今,很多企业把培训视为员工的最好福利。

在科技发展日新月异的今天,从设备到产品,企业生产中的技术含量越来越高,职工的技能稍慢半拍,就有落伍之忧、被淘汰之险。市场的竞争,归根结底就是技术的较量,这种技术不只是产品技术,也是职工的技能。有了高技能的职工队伍,企业才能生产出高技术、高质量的产品,才能在科技发展中与市场同步。由此可见,培训不仅是职工最好的福利,也是企业最大的效益。

职工培训工作是人力资源开发、干部队伍建设与企业文化建设的重要内容。通过培训,可以统一目标、统一认识、统一步调,增强企业的凝聚力和向心力。大公司在干部培训上的投入都是很大的。一个公司要成长,主要取决于员工的成长和客户的成长。因此与其把钱放在银行,不如把钱放在员工身上。

企业一般有两种培训,一是入职培训,一是在职人员的培训。所谓入职培训,就是新员工培训。新员工培训的目的,不但是让员工对

## 第六课　众人拾柴火焰高

企业的部门、产品有所了解,重要的是了解公司的价值观,使员工更快融入团队,培养员工之间良好的人际关系,使上司和下属之间、同事之间能更好地合作协调。

培养内部员工,目的是提升其业务能力。很多公司采用在职岗位训练的方式,为员工提供或创造机会,内部互相学习。比如,对于一些关键人才采取在部门之间、公司之间轮调的方式,从基层业务员、技术人员,到担任分公司经理等职务,这对员工的成长是大有裨益的。

### 词 语

| | | | |
|---|---|---|---|
| 1. 日新月异 | rìxīnyuèyì | | change with each passing day |
| 2. 技术含量 | jìshù hánliàng | | technology content |
| 3. 慢半拍 | màn bànpāi | | out of beat; adagio |
| 4. 落伍 | luò wǔ | (动) | straggle; become outdated |
| 5. 归根结底 | guīgēnjiédǐ | | finally; after all; in the end |
| 6. 较量 | jiàoliàng | (动) | compare strength; compete |
| 7. 同步 | tóngbù | (动) | synchronous; sync |
| 8. 干部 | gànbù | (名) | functionary; cadre |
| 9. 步调 | bùdiào | (名) | step; pace |
| 10. 凝聚力 | níngjùlì | (名) | cohesion |
| 11. 向心力 | xiàngxīnlì | (名) | centripetal force |
| 12. 投入 | tóurù | (动) | throw into; put into; plunge into |
| 13. 价值观 | jiàzhíguān | (名) | concept of value |
| 14. 人际关系 | rénjì guānxì | | human relations |
| 15. 协调 | xiétiáo | (动、形) | harmonize |
| 16. 采取 | cǎiqǔ | (动) | adopt; employ; take |
| 17. 轮调 | lúndiào | | take turns at exchanging the work |
| 18. 基层 | jīcéng | (名) | grass-roots |
| 19. 担任 | dānrèn | (动) | take the office of; hold the post of |
| 20. 大有裨益 | dàyǒubìyì | | profitable; beneficial; useful |

## 句型

1. 很多企业把培训视为员工的最好福利。
   "把……视为……"意思是"把……看做是……"。

   例：(1) 很多孩子希望把父母视为自己的朋友。
   　　(2) 本公司把产品质量视为企业的生命。
   　　(3) A公司把我们视为他们最大的竞争对手。
   　　(4) 两家公司都把这次项目合作视为公司发展的关键。

   练习：用括号中的词语完成对话：
   　　A：您怎么看待员工在企业中的地位？
   　　B：_____。（把……视为……）

2. 与其把钱放在银行，不如把钱放在员工身上。
   "与其A，不如B"意思是"比较A和B两种情况后，认为B比A更好"。

   例：(1) 好不容易放了几天假，与其出去玩，不如在家睡觉。
   　　(2) 与其在这里着急地等待，不如直接去找他。
   　　(3) 这台旧电脑与其花钱修理，不如买台新的。
   　　(4) 很多年轻人认为与其给别人打工，还不如自己创业。

   练习：用括号中的词语完成对话：
   　　A：你觉得买房好还是租房好呢？
   　　B：_____。（与其……不如……）

3. 所谓入职培训，就是新员工培训。
   "所谓"的意思是"所说的"，一般是提出需要解释的语句。

   例：(1) 所谓奖金，就是为了奖励而给予的金钱。
   　　(2) 股份制企业按照股份分的利润就是所谓的分红。
   　　(3) 他所谓的男女平等，就是男人做的事女人也能做。
   　　(4) 在你最困难的时候都不帮助你，这就是你所谓的好朋友吗？

   练习：用括号中的词语完成对话：
   　　A：你说到底什么叫"幸福"呢？
   　　B：_____。（所谓）

# 第六课　众人拾柴火焰高

☆练习☆

一、理解"层"和"益"两个字的意思，联想组词，可以查词典：

二、把互相可以搭配的词语连线：

分配　　　　　　工资
领　　　　　　　步调
建设　　　　　　职员
培训　　　　　　住房
融入　　　　　　团队文化
统一　　　　　　社会
协调　　　　　　机会
采取　　　　　　凝聚力
创造　　　　　　人际关系
增强　　　　　　在职培训方式

三、选词填空：

日新月异　　落伍　　归根结底　　步调
凝聚力　　价值观　　轮调　　大有裨益

1. 市场的变化可以说是（　　　），不学习怎么行呢？
2. 这本书对你提高业务水平（　　　），所以一定要好好儿看看。
3. 咱们这个推销小组一定要保持（　　　）一致，才能取得成功。
4. 经验不足或者不适应环境都不是理由，新员工的问题（　　　）是素质和能力问题。
5. 公司成功的主要原因是员工团结一致，具有很强的（　　　）。
6. 对同样的事情不同的人往往有不同的看法，是因为每个人的（　　　）有差别。
7. 如果不加紧研究改进，新的技术很快就会（　　　）的。
8. 我们公司实行员工（　　　）制度，帮助员工更广泛地了解公司业务。

四、参考括号里的词语完成对话：

1. A：公司为什么要投入这么多钱来研发这项新技术呢？

75

# 新丝路——高级速成商务汉语I
## XINSILU GAOJI SUCHENG SHANGWU HANYU I

  B: _____。（把……视为……）
2. A: 你认为一个人怎么做才能成功？
  B: _____。（取决于）
3. A: 小王在工作中犯了错误，应该让他离开公司。
  B: _____。（与其……不如……）
4. A: 你知道什么叫加盟连锁店吗？
  B: _____。（所谓）
5. A: 你认为科技的快速发展给现代企业带来了什么样的影响？
  B: _____。（竞争 效益）
6. A: 如果你来负责人力资源工作，你会采取什么样的员工培训方式？
  B: _____。（提供 提升）

## 听一听 （录音文本见本书第112页）

## 词 语

| | | | |
|---|---|---|---|
| 1. 组织 | zǔzhī | （动、名） | organize; structure; organization |
| 2. 拓展训练 | tuòzhǎn xùnliàn | | outward development |
| 3. 户外 | hùwài | （名） | outdoors |
| 4. 体验 | tǐyàn | （动） | learn from one's personal experience |
| 5. 发挥 | fāhuī | （动） | exert |
| 6. 潜能 | qiánnéng | （名） | potential |
| 7. 缺口 | quēkǒu | （名） | gap |
| 8. 正视 | zhèngshì | （动） | face; confront; contemplate |
| 9. 危机 | wēijī | （名） | crisis |
| 10. 沟通 | gōutōng | （动） | exchange ideas |
| 11. 判断 | pànduàn | （动） | measure; judgment |
| 12. 默契 | mòqì | （形） | privity |
| 13. 配合 | pèihé | （动） | cooperate; work in |
| 14. 效率 | xiàolǜ | （名） | efficiency |
| 15. 拓宽 | tuòkuān | （动） | develop; broaden |
| 16. 创新 | chuàngxīn | （动、名） | bring forth new ideas; innovate |

# 第六课　众人拾柴火焰高

**一、听录音,选择正确的答案:**

1. 女士周末要去干什么?
   A. 在公司加班
   B. 去郊区爬山
   C. 参加公司培训

2. 女士对拓展训练有什么样的经历?
   A. 从未参加过
   B. 曾经吓哭了
   C. 很有危机感

3. 男士认为拓展训练就是一种:
   A. 课堂听讲
   B. 体育锻炼
   C. 户外游戏

4. 男士举的"断桥"训练项目是为了说明什么?
   A. 女同事胆子太小
   B. 拓展训练不适合女人
   C. 拓展训练可以挑战人的潜能

5. 男士认为完成团队项目最重要的是什么?
   A. 个人能力
   B. 创新思路
   C. 互相沟通

**二、听录音,填空:**

　　拓展训练是一种户外(　　　)式训练,一般分成(　　　)型项目和(　　　)型项目。

**三、在下面句子空格处填写合适的动词,然后熟读:**

1. 这个周末我们公司(　　　)大家去郊区参加一个拓展训练。
2. 你就把它(　　　)一个游戏就行了。
3. 这个项目要求学员挑战自我,(　　　)自己最大的潜能,(　　　)信心。
4. 她在高架上站了20分钟才在队友的鼓励下(　　　)勇气跳了过去。
5. 这个项目需要学员(　　　)团队合作精神,(　　　)正确的合作方法,一切从集体的利益(　　　)。
6. 拓展训练可以使员工之间能主动沟通、正确判断、默契配合,(　　　)工作效率。还可以(　　　)员工的思维空间,使员工解决问题的能力和创新能力大幅(　　　)。

## 读一读

### 培训"最短的木板"

现在企业越来越重视员工培训,但因为培训的针对性不强,往往不能满足不同层次的员工需求。这样企业虽然在培训上投入很大,但效果并不明显。因此,企业培训必须要抓住主要问题。在经济学中有一个著名的"木桶理论",一只水桶能盛多少水,并不取决于桶壁上最长的那块木板,而是取决于桶壁上最短的那块。这个理论告诉领导者,一个企业好比一个大木桶,企业的最大竞争力不只取决于某几个人的超强能力,更取决于它的整体状况,取决于它是否存在某些薄弱环节。只有让所有的板子都维持足够高的高度,才能完全发挥团队作用。而要想提高每一个员工的竞争力,并将他们的力量有效地凝聚起来,最好的办法就是对员工进行培训。培训的首要问题就是要找到并加长"最短的木板"。

如果组成木桶的木板长短不一,要增大木桶的容量,可以采取两种办法:第一是同时加长每一块木板;第二是只加长最短的木板。相比之下我们很容易看出,第二种方法比第一种要经济得多。有不少企业的员工培训不考虑员工实际水平的参差不齐,其培训过程像学校上课一样要求统一的模式,采取统一的进度。这是前面说的第一种办法,是很不经济的,它大大增加了培训投资但效果却不一定好,因为它缺乏针对性。更有一些企业把培训视为福利的一种,奖励给表现出色的员工。这样做更是与"木桶理论"背道而驰,它只是使长木板更长而短木板依然很短,企业整体实力还是无法提高。

目前企业培训主要有以下几方面内容,一是团队培训,培养员工的团队协作能力;二是工作技巧培训,比如营销技巧、客户接待技巧、谈话沟通技巧等;三是项目管理培训,学习如何保证项目实施质量,节省时间提高效率以及如何控制费用等;四是人力资源管理培训,包括招聘制度、员工关系、薪酬制度等各方面的综合设计,帮助企业明确雇佣双方即雇主和雇员的权利和义务,并使其得到充分的保障。而所有这些培训都应该是针对不同层次不同岗位的员工来具体安排培训内容的。由许多块木板组成的"水桶"不仅可以象征一个企业、一个部门、一个工作组,也可以象征某一个员工,而"水桶"的最大容量则象征着整体的实力和竞争力。

## 词语

1. 针对性　　zhēnduìxìng　　(名)　　pertinence
2. 层次　　　céngcì　　　　　(名)　　levels

# 第六课　众人拾柴火焰高

| | | | |
|---|---|---|---|
| 3. 需求 | xūqiú | （名） | demand; requirement |
| 4. 效果 | xiàoguǒ | （名） | effect |
| 5. 经济学 | jīngjìxué | （名） | economics |
| 6. 竞争力 | jìngzhēnglì | （名） | ability of competition |
| 7. 状况 | zhuàngkuàng | （名） | condition |
| 8. 薄弱 | bóruò | （形） | weak |
| 9. 环节 | huánjié | （名） | link; sector |
| 10. 维持 | wéichí | （动） | maintain; protect |
| 11. 容量 | róngliàng | （名） | load |
| 12. 经济 | jīngjì | （形、名） | economy; financial condition |
| 13. 参差不齐 | cēncībùqí | | uneven; irregular |
| 14. 过程 | guòchéng | （名） | process; course |
| 15. 进度 | jìndù | （名） | pace; plan |
| 16. 缺乏 | quēfá | （动） | be short of; lack |
| 17. 背道而驰 | bèidào'érchí | | go (run) in the opposite direction |
| 18. 协作 | xiézuò | （动） | concert |
| 19. 技巧 | jìqiǎo | （名） | skill |
| 20. 接待 | jiēdài | （动） | entertain; admit; receive |
| 21. 质量 | zhìliàng | （名） | quality |
| 22. 综合 | zōnghé | （动） | synthesize |
| 23. 设计 | shèjì | （动） | design; project |
| 24. 雇佣 | gùyōng | （动） | employ; hire |
| 25. 雇主 | gùzhǔ | （名） | employer |
| 26. 雇员 | gùyuán | （名） | employee |
| 27. 权利 | quánlì | （名） | right |
| 28. 义务 | yìwù | （名） | duty; obligation; commitment |
| 29. 象征 | xiàngzhēng | （动、名） | symbolize; signify |

## 句　型

1. 培训的首要问题就是要找到并加长"最短的木板"。

这里的"加"意思是增加，后面常与一些单音节形容词一起表示在原来的基础上增多、提高，比如：加大、加强、加快、加深、加重、加高、加热、加急、加固、加紧等。

### 新丝路——高级速成商务汉语 I
XINSILU GAOJI SUCHENG SHANGWU HANYU I

> 例：(1) 公司决定加大对新产品研发的投入。
> (2) 这次拓展训练加强了员工之间的团结。
> (3) 这座大楼的建设明显加快了速度。
> (4) 希望我们双方不断加深了解，共同合作。

练习：用括号中的词语完成对话：
A：这次银行加息对贷款买房的人有影响吗？
B：_____。(加重　负担)

2. 所有这些培训都应该是针对不同层次不同岗位的员工来具体安排培训内容。
"针对"意思是"对准"。

> 例：(1) 这款手机是专门针对20岁以下的年轻消费者来设计的。
> (2) 我刚才说的话并不是针对你的，你不要在意。
> (3) 北京6月份将有一场针对大学生的企业招聘会。
> (4) 针对销售量明显下降的情况，公司采取了一系列促销措施。

练习：用括号中的词语完成对话：
A：这本语法书有什么特点？
B：_____。(针对)

## ☆练习☆

**一、根据文章内容判断正误：**
1. 企业培训效果不好主要是因为在培训上的投入不足。　　(　　)
2. 文章把木桶上最短的木板比喻为企业或个人能力的薄弱环节。(　　)
3. 文章举木桶的例子是为了说明员工必须要团结。　　(　　)
4. 企业培训应该采取统一的模式进行。　　(　　)
5. 企业应该多为优秀员工提供培训机会。　　(　　)
6. 企业培训的四个方面的内容所有的员工都应该好好儿学习。(　　)

**二、选词填空：**

| 针对性 | 竞争力 | 环节 | 薄弱 | 经济 |
| --- | --- | --- | --- | --- |
| 技巧 | 综合 | 进度 | 权利 | 义务 |

1. 公司的研发部门技术力量非常(　　)，必须用高薪才能吸引优秀人才加入。
2. 产品从生产到批发再到零售的过程中，哪个(　　)最赚钱？
3. 在销售会上，销售员们有(　　)地讨论了最有效的促销方式。
4. 这款手机功能齐全，价格便宜，非常(　　)实惠。

## 第六课 众人拾柴火焰高

5. 公司希望通过引进先进生产设备来提升企业的（　　　）。
6. 房屋的承租人只有居住权，没有（　　　）出售房屋。
7. 因为最近天气不好影响了工程的（　　　），所以得晚半个月才能完工。
8. 企业有（　　　）替职工缴纳养老保险金。
9. 网上有很多介绍面试（　　　）的文章，教你一些好方法来增加面试的成功率。
10. 解决城市交通问题不能单靠修路，必须采取（　　　）治理办法。

### 三、在下面句子中填写合适的动词或形容词：

1. 因为培训的针对性不（　　　），所以不能（　　　）不同层次的员工需求。
2. 公司每年在员工培训上都会（　　　）百万资金。
3. 希望通过讨论，让公司的领导尽快了解公司的营销（　　　）哪些薄弱环节。
4. 只有让所有的板子都（　　　）足够高的高度，才能完全发挥团队作用。
5. 培训的首要问题就是要找到并（　　　）"最短的木板"。
6. 第一种办法是很不经济的，它大大增加了培训投资但效果却不一定好，因为它（　　　）针对性。
7. 项目管理培训是学习如何（　　　）项目实施质量，节省时间（　　　）效率以及如何（　　　）费用等。
8. 人力资源管理培训可以帮助企业（　　　）雇佣双方即雇主和雇员的权利和义务。
9. 培训应该是针对不同层次不同岗位的员工来具体（　　　）培训内容。
10. 许多块木板组成的"水桶"（　　　）一个企业、一个部门、一个工作组或某个员工。

### 四、根据文章内容回答或讨论下面的问题：

1. 什么叫"木桶理论"？
2. 你以前听说过"木桶理论"吗？你认为这个理论有道理吗？
3. "木桶理论"对企业管理有什么样的启示（revelation）？
4. 请简要概括一下这篇文章的主要意思。

# 新丝路——高级速成商务汉语 I
XINSILU GAOJI SUCHENG SHANGWU HANYU I

**说一说**

一、参考本课"听一听"的内容,说明下面两幅图画中的这种拓展训练科目的训练方式、训练目的。

二、参考下面的材料和词语分组讨论：

**材料1**：中国有一个著名的寓言故事叫"一个和尚挑水吃、两个和尚抬水吃、三个和尚没水吃"。

**材料2**：在中国,人们认为诸葛亮是聪明人的代表,所以有一句俗话叫"三个臭皮匠,顶个诸葛亮"。

**参考词语**：

团队 利益 分配 合作 团结 协作 缺乏 凝聚力 效果 发挥潜能

讨论问题：

1. 上面两个材料分别说明了什么道理？你更赞同哪一个材料说明的道理？
2. 人多一定力量大吗？为什么？
3. 为什么有三个和尚却没有水喝？如果你是那三个和尚的领导者,你会采取什么样的管理方式让他们有足够的水？

# 第六课　众人拾柴火焰高

**写一写**

根据下面的"教育性质定性分布图",请写一篇短文,说明图中的内容,比较分析这四种教育形式的特点。

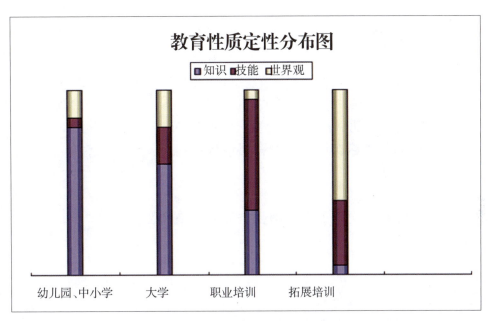

**综合运用**

分组实践活动

下面是家美酒店的情况：

1. 去年酒店营业目标是完成营业额3000万元,但客房实际使用率为56%,总营业额仅2000万元。
2. 顾客对服务员态度有意见：有问题找不到人等。
3. 基层员工的迟到、缺勤、跳槽现象逐渐增多。

一、请各小组针对上面出现的问题研究制定一个培训计划并向全班说明：

| 培训对象 | |
| --- | --- |
| 培训目的 | |
| 培训内容 | |
| 培训方式 | |
| 培训时间、地点 | |
| 培训所聘教师 | |

二、全班同学在听完小组报告的培训计划后,填写下面的培训效果调查表:

**家美酒店培训效果调查表**

1. 你对这次培训总体评价如何?　很好 ☐　好 ☐　一般 ☐　差 ☐
2. 你对这次培训课程的评价如何?

| 实用性: | 很好 ☐ | 好 ☐ | 一般 ☐ | 差 ☐ |
| 趣味性: | 很好 ☐ | 好 ☐ | 一般 ☐ | 差 ☐ |
| 教师: | 很好 ☐ | 好 ☐ | 一般 ☐ | 差 ☐ |
| 内容: | 太深 ☐ | 理想 ☐ | 太浅 ☐ | |
| 时间安排: | 太长 ☐ | 理想 ☐ | 太短 ☐ | |
| 达到预期目标: | 很好 ☐ | 好 ☐ | 一般 ☐ | 差 ☐ |

3. 你认为这次培训课程有何优缺点?
   优点:
   缺点:
4. 你在这次培训中感到受益最大的是什么?


5. 你对此次培训有何改进的建议?

## 一、企业内训

企业内训是针对企业特定需求,提供定制化培训方案的一种培训形式。为企业量身定做的企业课程,具有培训时间、培训地点方面的充分灵活性。企业内训是世界500强普遍采用的一种培训方案。通过企业内训,企业可以针对特定问题,借鉴业界最佳实践、获得管理实务技巧、提升管理能力。

## 二、2008年新《劳动法》

第二十二条　用人单位为劳动者提供专项培训费用,对其进行专业技术培

# 第六课  众人拾柴火焰高

训的,可以与该劳动者订立协议,约定服务期。

劳动者违反服务期约定的,应当按照约定向用人单位支付违约金。违约金的数额不得超过用人单位提供的培训费用。用人单位要求劳动者支付的违约金不得超过服务期尚未履行部分所应分摊的培训费用。

用人单位与劳动者约定服务期的,不影响按照正常的工资调整机制提高劳动者在服务期期间的劳动报酬。

## 三、与上司和同事良好沟通的五句话

1. 上司交代工作时,你说"这件事我马上就去处理",会让上司觉得你是工作有效率的员工。
2. 当上司问了你某个与业务有关的问题,而你不知该怎么回答时,千万不能说不知道,可以说:"让我再好好儿想一想,2点以前给您答复好吗?"
3. 想听别人的意见时,可以说"我很想知道你对这件事情的看法",会让别人觉得你是一个谦虚好学的人。
4. 在告诉上司或者同事一些坏消息的时候,你可以说"我们似乎碰到了一些状况"。
5. 面对别人的批评的时候,你可以说:"谢谢你告诉我,我会仔细考虑你的建议的。"

# 第七课

## 更上一层楼
—— 述职、提职

### 课文

## 述职提要

第一，工作述职，首先应对业绩以及职责有一个明确陈述，总结过去一年有哪些成功的经验。在陈述过程中，要以数据和事实来说话，不要只是一种罗列、记流水账。述职的最终目的是通过总结经验对工作加以改进。

第二，述职的另一个目的是寻找问题，同时找到产生问题的原因，避免以后犯同样的错误。允许犯错误，但不要犯同样的错。从教训中去学习，不要回避问题的责任人，要找到问题的关键及解决问题的方法。

第三，述职还是对自我能力及团队能力的一个开发过程。除了讲业绩、经验，还要分析团队的建设及人力资源管理问题。人力资源不应是人力资源部一个部门的事，而是每个管理者都要参与的事。如果人才留不住，人才结构没有提升，那说明你的业绩没有提升。

第四，确定新目标、新思路是述职的又一要求。因为述职是一个管理过程，可以及时发现问题，改进工作，是一个新思路的产生过程。为什么要让领导参加？就是让领导了解你的思路。这个过程也是高

第七课　更上一层楼

层与基层的一个沟通过程,一个相互达成共识的过程。为何要让职员参加?要相关部门参加?这就是要让相关部门认识到,该怎么去提供支持。

### 词语

1. 述职　　shù zhí　　（动）　　report one's work
2. 提职　　tí zhí　　（动）　　promote
3. 提要　　tíyào　　（名）　　abstract; summary
4. 陈述　　chénshù　　（动）　　state; express
5. 总结　　zǒngjié　　（动、名）　　sum up; summarize
6. 数据　　shùjù　　（名）　　data
7. 罗列　　luóliè　　（动）　　enumerate; juxtapose
8. 流水账　　liúshuǐzhàng　　（名）　　day-to-day account; daybook
9. 避免　　bìmiǎn　　（动）　　avoid; prevent
10. 允许　　yǔnxǔ　　（动）　　permit; allow
11. 教训　　jiàoxùn　　（名、动）　　lesson; lecture
12. 回避　　huíbì　　（动）　　blench; evade; run away from
13. 目标　　mùbiāo　　（名）　　target; goal; objective
14. 思路　　sīlù　　（名）　　train of thoughts
15. 改进　　gǎijìn　　（动）　　improve; better
16. 达成　　dáchéng　　（动）　　conclude; work out; manage to
17. 共识　　gòngshí　　（名）　　consensus; mutual understanding

### 句型

1. 述职的最终目的是通过总结经验对工作加以改进。
   "加以"用在多音节动词前面,表示怎样对待或处理前面提到的事物。

   例:（1）打印纸质量的好坏可以从颜色和手感两方面加以区别。
   （2）请你寻找有关市场的信息并加以整理分析。
   （3）对5岁大的小孩要以照顾为主适当加以引导。
   （4）对学习的内容要能在理解的基础上加以灵活运用。

   练习:用括号中的词语完成对话:
   A:你觉得我这篇文章写得怎么样?能发表在报纸上吗?
   B:_____。(加以修改)

2. 找到产生问题的原因,避免以后犯同样的错误。

例:(1)吃什么东西才能避免长胖呢?
(2)我听说坐车前喝一杯加醋的水可以避免晕车。
(3)地震以前因为有关部门及时预报避免了很多人死亡。
(4)有什么问题要及时和同事商量,避免浪费时间。

练习:用括号中的词语完成对话:
　　　A:你觉得有必要给信用卡加上消费密码吗?
　　　B:_____。(避免)

☆练习☆

一、理解"列"和"责"两个字的意思,联想组词,可以查词典:

二、把互相可以搭配的词语连线:

| 犯 | 经验教训 |
| 改进 | 工作 |
| 回避 | 错误 |
| 达成 | 流水账 |
| 总结 | 问题 |
| 记 | 共识 |
| 提供 | 支持 |

三、选择"避免"或者"回避"填空:
1. 为了(　　　)对环境造成污染,所有的超市都不提供免费塑料袋了。
2. 公安局正在调查他的妻子,虽然他是好警察也必须(　　　),不能参加调查。
3. 在记者会上,明星们总是尽量(　　　)一些有关个人生活的问题。
4. 大家都知道地震的发生是不可(　　　)的,只能想办法提前预报。
5. 我有几句话要单独和小张谈谈,能不能请您(　　　)一下?
6. 买房子的时候一定要看清合同,(　　　)上当受骗。

四、根据短文内容,回答问题:
1. 工作述职一般包括哪几方面的内容?
2. 工作述职的目的是什么?

第七课　更上一层楼

3. 非人力资源部的述职者为什么要在述职中分析人力资源问题？
4. 参加述职会的人一般有哪些？为什么要让这么多人参加？

五、参考括号里的词语完成对话：

1. A：为什么我们要花这么多时间做市场调查？
   B：_____。（目的　加以）
2. A：公司有很多人都对他有意见，你说我该不该跟总经理说这件事呢？
   B：_____。（责任　避免）
3. A：你觉得在公司里人际关系重要吗？怎么才能搞好人际关系呢？
   B：_____。（团队　经验）
4. A：你认为小王今天的述职报告怎么样？
   B：_____。（罗列　总结）
5. A：这次合作洽谈失败的原因是什么？
   B：_____。（沟通　达成）

**听一听**　（录音文本见本书第113页）

**词语**

| | | | | |
|---|---|---|---|---|
| 1. | 任职 | rèn zhí | （动） | hold a post |
| 2. | 汇报 | huìbào | （动） | report |
| 3. | 履行 | lǚxíng | （动） | honor an agreement; keep a promise |
| 4. | 竞选 | jìngxuǎn | （动） | run for; electioneeringa |
| 5. | 施工 | shī gōng | （动） | construction |
| 6. | 招标 | zhāo biāo | （动） | invite public bidding |
| 7. | 投标 | tóu biāo | （动） | submit a tender; enter a bid |
| 8. | 中标 | zhòng biāo | （动） | successful bidder; win a tender |
| 9. | 收尾 | shōuwěi | （动、名） | wind up; ending |
| 10. | 进展 | jìnzhǎn | （动） | proceed |
| 11. | 消耗 | xiāohào | （动） | consume; use up |
| 12. | 耗材 | hàocái | （名） | consumable material |
| 13. | 开支 | kāizhī | （动、名） | pay; expend; spend; expenditure |
| 14. | 回顾 | huígù | （动） | look back; recollect |
| 15. | 宣传 | xuānchuán | （动） | conduct propaganda; propagate |
| 16. | 监督 | jiāndū | （动） | supervise |

# 新丝路——高级速成商务汉语 I
## XINSILU GAOJI SUCHENG SHANGWU HANYU I

一、听录音,总结报告中的要点并填空:

报告人:某建筑分公司总经理

任职时间:_____

主要做了哪几个方面工作:1._____

　　　　　　　　　　　　2._____

　　　　　　　　　　　　3._____

存在的问题:1._____

　　　　　　2._____

解决上面两个问题的办法:1._____

　　　　　　　　　　　　2._____

二、听录音,判断正误:

1. 述职的这位男士是通过竞选当上建筑公司总经理的。（　　）
2. 该建筑公司去年建设完成了九龙园A区和B区工程。（　　）
3. 去年公司在员工培训方面花费了200万元。（　　）
4. 去年公司在水、电及办公耗材方面浪费比较严重。（　　）
5. 该公司打算招聘一批高素质的技术设计人员。（　　）
6. 该建筑公司多年来一直是行业内的一流企业。（　　）

三、在下面句子空格处填写合适的词语,并熟读句子:

1. 我把自己任职以来的工作情况向各位（　　）一个简单的汇报。
2. 首先我报告一下（　　）职责的情况。
3. 我（　　）建筑公司总经理一职,重点（　　）对外业务联系工作。
4. （　　）一年来的工作,主要有以下三个方面。
5. 在全体员工的共同努力下,施工（　　）良好。
6. 在保证工程进度的前提下,仅水电一项就（　　）开支200万元。
7. 下一步的工作重点是要（　　）宣传力度,扩大公司的影响。
8. 我们计划有步骤地（　　）一些专业人才,不断提高工程方案设计质量。

## 读一读

## 李新红的职业选择

　　李新红大学国际贸易专业毕业后,到了一家船务公司做经理助理,负责处理集装箱出口事务以及客户协调。三年后,李新红对这类业务已经非常熟悉,就找机会跳槽到了一家大规模的美国快运公司担任业务主管。全英文的工作环境使她出色的英语能力派上了用场,进出口业务管理工作也让她的组织和协调能力得到了很大提高,三年多为公司赚了不少钱,老板也多次给她加薪。但李新红并不满足,她渴望着工作内容、职责范围都能够提升到更高层次,成为全面负责本

# 第七课　更上一层楼

地区业务开拓的管理者。她觉得自己工作经验丰富,工作业绩十分出色,人缘也好,升职的时机应该已经成熟,而她渴望的职位也恰好因现任怀孕辞职而空缺,同事们纷纷在私下里拍着她的肩祝贺她,李新红自己也觉得,这次的升职机会非她莫属。然而,正当李新红以为将要梦想成真时,公司竟向外界打出了招聘副总经理的广告,新来的副总经理很快就上任了。极度失落的李新红实在难以接受这个挫折。她思前想后,很不甘心。她想,最好最快的升职办法就是换一家公司,可是,令她举棋不定的是,自己到了新的公司,对企业文化不了解,一切都要从头开始。要不留在现在的公司再等等,说不定很快又会等到本公司的升职机会。究竟该何去何从呢？她一时拿不定主意,就去咨询了一位就业专家。

就业专家在与李新红进行了深入的沟通后发现,导致她升职受挫的原因出在沟通上。李新红虽然业绩出色,但在沟通方面有所欠缺:李新红觉得自己可以升职,但没有考虑公司是怎么想的,会不会提升她,她怕直接谈升职会给老板造成急功近利的印象,不敢主动争取,以至于错失良机。

随后的一个月里,李新红吸取了以往的经验教训,主动和老板沟通了自己想要提升的愿望,老板表示考虑过要提升她,但觉得她在原岗位能为公司获得更多利润,因此不打算给她升职。随后,李新红开始寻找新公司,凭借其实力和努力,她很快便通过猎头公司得到了一个不错的受聘机会,随即向原公司递交了辞呈,到新公司展开了全新的职业生活。

## 词语

| | | | |
|---|---|---|---|
| 1. 国际贸易 | guójì màoyì | | international trade |
| 2. 处理 | chǔlǐ | （动） | handle; deal with; dispose of; sell at reduced prices |
| 3. 集装箱 | jízhuāngxiāng | （名） | container |
| 4. 事务 | shìwù | （名） | work; general affairs |
| 5. 升职 | shēng zhí | （动） | be transferred upward; promotion |
| 6. 时机 | shíjī | （名） | occasion |
| 7. 现任 | xiànrèn | （动、形） | person who at present holds the position |
| 8. 空缺 | kòngquē | （名） | gap; vacancy |
| 9. 私下 | sīxià | （名、副） | privately; in secret |
| 10. 祝贺 | zhùhè | （动） | congratulate |
| 11. 外界 | wàijiè | （名） | external world; outside world view |
| 12. 上任 | shàng rèn | （动） | assume office; take up an official post |

| 13. 失落 | shīluò | （动、形） | lose |
| --- | --- | --- | --- |
| 14. 挫折 | cuòzhé | （动） | frustration; setback |
| 15. 甘心 | gānxīn | （动） | willingly; readily; reconcile to |
| 16. 举棋不定 | jǔqíbúdìng | | hesitate about (or over) what move to make |
| 17. 何去何从 | héqùhécóng | | what course to follow |
| 18. 专家 | zhuānjiā | （名） | expert; specialist |
| 19. 欠缺 | qiànquē | （动、名） | be deficient in; be short of |
| 20. 急功近利 | jígōngjìnlì | | be eager for quick success and instant benefit; seek quick success and instant benefits |
| 21. 主动 | zhǔdòng | （形） | initiative |
| 22. 争取 | zhēngqǔ | （动） | strive for |
| 23. 凭借 | píngjiè | （动） | by force of |
| 24. 实力 | shílì | （名） | strength |
| 25. 猎头 | liètóu | （名） | headhunting |
| 26. 受聘 | shòu pìn | （动） | engage |
| 27. 递交 | dìjiāo | （动） | present |
| 28. 辞呈 | cíchéng | （名） | （written）resignation |

 句 型

1. 全英文的工作环境使她出色的英语能力派上了用场。
"派上用场"意思是"有用处"。

> 例：(1) 他从来不做饭，所以厨房里的炊具从来没有派上过用场。
> (2) 把这笔钱存到银行里去，以后一定会派上用场的。
> (3) 我一点儿都不懂他们的业务，去了也派不上用场。
> (4) 当旅行团里有人受伤的时候，他带的急救箱派上了用场。

练习：用括号中的词语完成对话：
A：去面试的时候要不要带上我的汉语水平证书？
B：＿＿＿＿＿＿＿＿＿＿＿＿＿。（派上用场）

2. 这次的升职机会非她莫属。
"非A莫属"意思是"除了A以外，没有其他的可以"。

# 第七课　更上一层楼

例：（1）你是内行，能完成这项任务的人非你莫属。
　　（2）我们这个足球队的守门员非李明莫属。
　　（3）要评第一的话非此文莫属。
　　（4）我认为"中华第一古都"非西安莫属。

练习：用括号中的词语完成对话：
　　A：你觉得哪家公司能够给我们提供最质优价廉的电脑产品？
　　B：_____。（非……莫属）

3. 她怕直接谈升职会给老板造成急功近利的印象，不敢主动争取，以至于错失良机。
"以至于"用于连接由前面的原因导致的结果。

例：（1）昨天爬山回来后腿太疼了，以至于都上不了楼了。
　　（2）好久没有更新我的博客了，以至于把登录的地址和密码都忘了。
　　（3）北京因为常常堵车堵得很厉害，以至于被叫做"首堵"。
　　（4）过去总是那么美好，以至于我们常常忘记现在的幸福。

练习：用括号中的词语完成对话：
　　A：早上坐公共汽车的时候人多不多？
　　B：_____。（以至于）

☆练习☆

一、根据文章内容判断正误：
1. 李新红大学毕业后就到一家美国快运公司工作了。　　　（　）
2. 李新红的英语水平很高。　　　　　　　　　　　　　　（　）
3. 虽然李新红的工作能力很强，可是她的薪水并没有很大的变化。（　）
4. 李新红怀孕了，所以她希望能换个轻松一点的职位。　　（　）
5. 大部分同事都认为李新红会当公司的副总经理。　　　　（　）
6. 因为公司从外界招聘了新的副总经理，李新红只好放弃了升职的想法。（　）
7. 老板认为李新红和同事之间缺乏沟通，所以不让她升职。（　）
8. 李新红辞了职去一家猎头公司工作了。　　　　　　　　（　）

二、找出与下面句子中画线部分词义相同的词语并改说句子：

| 加薪 | 现任 | 受挫 | 受聘 | 上任 |
| 思前想后 | 举棋不定 | 何去何从 | 错失良机 | 非他莫属 |

1. 现在担任总经理的王明对待员工非常宽容。
2. 李红被董事会选为总经理了，她准备下周开始担任这个职位。
3. 因为小王上个季度业绩突出，公司决定给他增加工资。

93

4. 明年中国股市是上涨还是下跌,谁也说不清楚。
5. 他因为多次找工作失败,渐渐对生活失去了信心。
6. 能够代表公司和对方谈判的人除了他以外,没有更好的人选了。
7. 她上个星期已经接受S公司的聘任开始上班了。
8. 考虑到裁员对公司的形象有很大的影响,所以董事会一直无法最后决定。
9. 在这次招标会上,因为公司资金不足,错过了这个非常好的机会。
10. 关于辞职的问题,我想来想去,还是决定离开这家公司。

### 三、选词填空:

| 事务 | 空缺 | 失落 | 欠缺 | 争取 |
| 凭借 | 时机 | 甘心 | 挫折 | 急功近利 |

1. 为了(　　　)更好的福利待遇,工人们决定从明天起罢工并上街游行。
2. 因为原来的经理跳槽了,公司还没来得及招聘新员工,所以目前这个职位(　　　)。
3. (　　　)工作经验是大学生求职过程中遇到的最大问题。
4. 关于出国培训方面的(　　　)主要由他负责。
5. 我公司产品(　　　)新颖的外观设计在市场上受到消费者的一致好评。
6. 我认为他的能力比我强多了,我(　　　)把这个职位让给他。
7. 一些银行只考虑短期收益,不顾风险违规放贷,造成很多坏账,这种(　　　)的行为是很危险的。
8. 应聘被拒绝以后,他的心情非常(　　　)。
9. 买卖股票一定要把握好(　　　)才能获得最大的收益。
10. 失败并不可怕,让孩子经历一些(　　　),对他们的成长是有好处的。

### 四、在下面句子空格处中填写合适的动词或形容词:

(一) 填动词

1. 这件事情超出了我的职责范围,必须要总经理来亲自(　　　)。
2. 王经理升为业务主管了,今晚同事们请他吃饭,(　　　)他升职。
3. 他(　　　)了上次的教训,后来再也没有犯过同样的错误。
4. 我一定要努力(　　　)这次难得的机会。
5. 看来他是真的要跳槽了,今天上午他已经向总经理(　　　)了辞呈。

(二) 填形容词

1. 他的工作经验非常(　　　),所以我在工作中遇到问题经常向他请教。
2. 因为他的业绩十分(　　　),所以工作不到一年就升职为经理了。
3. 她在单位人缘很(　　　),没有什么人际关系方面的问题。
4. 你刚到公司两个月,现在就提出升职加薪,时机还不(　　　),再等等吧。

## 第七课　更上一层楼

5. 我最近找总经理进行了一次非常（　　　）的沟通,消除了以前很多的误会。

**五、参考括号里的词语回答问题：**

1. A：李新红最近几年都做过哪些工作？
   B：_____。（负责　担任　跳槽）
2. A：李新红在美国快运公司工作得怎么样？
   B：_____。（派上用场　赚钱　业绩）
3. A：李新红遇到了一个什么样的挫折？
   B：_____。（时机　非她莫属　招聘）
4. A：她找就业专家咨询什么事情？
   B：_____。（不甘心　升职　举棋不定）
5. A：专家认为她没有升职的原因是什么？
   B：_____。（沟通　主动　以至于）
6. A：李新红为什么最终还是辞了职？
   B：_____。（教训　考虑　提升　受聘）

### 说一说

一、请参考"读一读"的内容,分角色表演李新红找美国快运公司老板谈话的情景：
角色A：李新红
角色B：美国快运公司老板
场所：老板办公室
谈话内容：表达升职的愿望
注意使用符合谈话人身份的语言和表达方式。

二、参考下面表格中提供的信息试做一个述职报告,注意做报告时开头和结尾的表达方式。

| 职位 | 北京顺发中式快餐公司总经理 |
|---|---|
| 任职时间 | 2007年8月1日至今 |
| 工作业绩 | 提高菜品质量；提高送餐速度；增开6家连锁店；业务范围拓展到了国外 |
| 问题 | 利润增加不多；员工工作量加大 |
| 改进方向 | 降低成本,提高效率 |

## 写一写

假设你是"读一读"中的李新红,请给美国快运公司的老板写一封辞职信,内容包括:
1. 在公司这几年的工作情况
2. 感谢公司同事的帮助
3. 辞职原因
4. 表达对公司的美好祝愿

要求:使用书信体,注意使用书面语言,不少于200字。

## 综合运用

分组实践活动:

角色:A是家美酒店客房部经理,B是酒店人力资源部主任,C是酒店总经理,D和E均为酒店员工。

情景说明:

1. 酒店的餐饮部经理辞职了,公司打算从内部提升一位业绩好、在培训中表现好的基层员工担任这个职务。总经理C召集大家开会讨论由谁担任餐饮部经理的职务。A、B、D、E各自提出自己认为最好的人选并说明理由。

参考句式:

C:大家都知道,餐饮部的王经理上星期辞职了,我考虑……

A:我看客房部的××不错,……

B:我提议……,在这次培训中,F的表现很好。

……

C:请你多谈谈F的工作情况和能力素质。

……

C:大家还有什么意见?同意F的请举手,……

2. 散会后总经理C找大家推举的人选F谈话:

C要说明:
(1) 公司会议上关于选择新的餐饮部经理的意见
(2) 询问F的工作意愿
(3) 对F的工作提出希望和要求

## 第七课　更上一层楼

F要表达：
(1) 对公司选择自己担任餐饮部经理表示感谢
(2) 以后一定要努力工作

商务背景知识链接

### 一、猎头公司

"猎头"在英文里叫Headhunting，是一种十分流行的人才招聘方式，中文翻译为"猎头"，意思是"网罗高级人才"，为公司提供高级人才委托招聘服务。自从1926年世界上第一家猎头公司迪克·迪兰在美国诞生以来，猎头业迅猛发展，据不完全统计，全世界70%以上的高级人才流动有猎头参与，90%以上的大企业利用猎头选取人才。

猎头公司的猎物对象是高级管理人才。一般来说，主要是举荐总裁、副总裁、总经理、副总经理、人事总监、人事经理、财务经理、市场总监、市场经理、营销经理、产品经理、技术总监、技术经理、厂长、生产部经理、高级项目经理、高级工程师、博士后、博士、工商管理高级人才、其他高级顾问及其他经理级以上人才等。而一般的人才交流中心提供的服务都是针对"蓝领"人才、基础事务人才、微观区域人才等。

### 二、2008年中国500强企业

全国共有30个省、自治区、直辖市的企业进入2008中国企业500强，中东部地区有356家企业，占71.2%。北京(94家)、江苏(55家)、广东(44家)、浙江(43家)、山东(38家)，这5个省、直辖市的500强企业数量排在前5位。

| 名次 | 企业名称 | 营业收入（万元） |
| --- | --- | --- |
| 1 | 中国石油化工集团公司 | 122786322 |
| 2 | 国家电网公司 | 101073254 |
| 3 | 中国石油天然气集团公司 | 100067727 |
| 4 | 中国工商银行股份有限公司 | 39003400 |
| 5 | 中国移动通信集团公司 | 35790506 |
| 6 | 中国人寿保险（集团）公司 | 33040422 |
| 7 | 中国建设银行股份有限公司 | 31418300 |
| 8 | 中国银行 | 31004900 |
| 9 | 中国农业银行 | 25905700 |
| 10 | 中国南方电网有限责任公司 | 25755016 |

# 第八课

## 自主创新
——产品与品牌

**课 文**

### 从中国制造到中国创造

尽管中国的GDP和出口额都已经排在了世界前列,也有了十多家世界500强企业,但在全球100个著名品牌的排行榜中,没有一个上榜的品牌。

国际市场上90%的丝绸服装是中国生产的,但没有驰名商标,别人贴上了名牌商标,同样的产品就增加了180倍的价格,中国工厂只能赚取几十块的加工费。由于成本低廉,温州的一个打火机,只卖一两个欧元还有收益,因此在欧美等地出现了反倾销的案例。在经济全球化的时代,依靠低成本优势拓展市场的路已经走到尽头了。目前越来越多的中国企业已经意识到了自有品牌的重要性,他们加大投入开始产品的自主开发,申请产品专利,树立自己的品牌。

品牌可以帮助消费者识别、选择最合适的商品。对于消费者来说,品牌就是一种标准,是一种信任,也是一种时尚。尤其是电视等高值耐用品,如果消费者对于品牌缺乏认知,产品再好,也很难有人买单。

对于企业而言,品牌是一种信誉、一种价值和一种力量。所谓信誉,就是消费者对企业产品和服务的一种长期认可。所谓价值,就是企业资产。可口可乐品牌价值800亿美元,其公司总裁说,如果哪一

# 第八课　自主创新

天可口可乐在一夜之间消失的话,那么他凭借这个品牌,不用一周就可以在全世界重建帝国。品牌也是一种竞争的力量,通过品牌可以赢得市场,赢得利润,赢得客户。大家都知道80%的运动鞋产在中国,几乎是同样的一种产品,如果贴上耐克(Nike)商标,它的价格可以增加五到十倍,这就是品牌的价值。

中国品牌的提升首先应该注重产品质量,其次要提高产品技术含量,然后要在拥有自主知识产权的基础上提升产品形象。三星集团(Samsung)为了提升产品形象,决心从沃尔玛(Wal-Mart)全面撤出,就是一个很好的例子,中国货也不能总在地摊上卖。中国产品要从"中国制造"到"中国创造",最终走向优质高价的品牌。

## 词语

| | | | |
|---|---|---|---|
| 1. 自主创新 | zìzhǔ chuàngxīn | | independent innovation |
| 2. 创造 | chuàngzào | (动) | produce; create |
| 3. 前列 | qiánliè | (名) | front row |
| 4. 排行榜 | páihángbǎng | (名) | ranking; placement |
| 5. 驰名 | chímíng | (动) | well-known |
| 6. 商标 | shāngbiāo | (名) | trademark |
| 7. 赚取 | zhuànqǔ | (动) | earn; acquire |
| 8. 加工费 | jiāgōngfèi | (名) | processing fee |
| 9. 低廉 | dīlián | (形) | cheap |
| 10. 欧元 | ōuyuán | (名) | EURO |
| 11. 反倾销 | fǎnqīngxiāo | (动) | anti-dumping |
| 12. 全球化 | quánqiúhuà | | globalization |
| 13. 自有品牌 | zìyǒu pǐnpái | | own brand |
| 14. 自主开发 | zìzhǔ kāifā | | develop independently; self-developed |
| 15. 专利 | zhuānlì | (名) | patent |
| 16. 消费者 | xiāofèizhě | (名) | consumer; customer |
| 17. 耐用品 | nàiyòngpǐn | (名) | durables |
| 18. 买单 | mǎi dān | (动) | settle accounts |
| 19. 价值 | jiàzhí | (名) | value; worth |
| 20. 认可 | rènkě | (动) | approve; consent |

| 21. 总裁 | zǒngcái | （名） | president |
| 22. 帝国 | dìguó | （名） | monarchy; empire |
| 23. 赢得 | yíngdé | | win the crown |
| 24. 自主知识产权 | zìzhǔ zhīshi chǎnquán | | self-owned intellectual property rights |
| 25. 撤出 | chèchū | | withdraw; pull out |
| 26. 地摊 | dìtān | （名） | a stall wit goods spread out on the ground for sale |

## 句 型

1. 依靠低成本优势拓展市场的路已经走到尽头了。
   "尽头"的意思是终点，"……走到尽头"表示前面没有路了，到了最后结束的时候。

   > 例：(1) 走到胡同的尽头有一个小房子。
   > (2) 新产品上市以后，这款旧商品在市场上已经走到尽头了。
   > (3) 他们整天吵架，婚姻已经走到了尽头，只有选择离婚。
   > (4) 在生命走到尽头的时候，他依然无法忘记那件事。

   练习：用括号中的词语完成对话：
   　　A：你认为在全球能源紧张的情况下，依靠煤炭、石油进行生产的工厂前景怎么样？
   　　B：_____。（走到尽头）

2. 中国品牌的提升首先应该注重产品质量，其次要提高产品技术含量。
   "首先……，其次……"是连接词，用来列举事项，表示"第一……，第二……"。

   > 例：(1) 运动员参加运动会的首要任务是避免在比赛中受伤，其次才是拿冠军。
   > (2) 我认为管理基金首先是安全，其次才是增值。
   > (3) 他这次失败的原因首先是心理问题，其次是知识和能力问题。
   > (4) 在做报告的时候，首先要说明你的目的和方法，其次谈一谈具体的内容和结果。

   练习：用括号中的词语完成对话：
   　　A：能不能请你谈谈这款新产品推向市场的计划？
   　　B：_____。（首先……，其次……）

3. 中国产品要从"中国制造"到"中国创造"，最终走向优质高价的品牌。
   "从……走向……"表示事物发展的方向。

## 第八课　自主创新

例：(1) 有人认为，香港电影正在从极盛慢慢走向衰落。
　　(2) 我们的产品要发展，必须从模仿走向创新。
　　(3) 从进口走向出口是IT产业发展的一个重要特征。
　　(4) 很多高新技术正在从实验室走向市场，创造价值。

练习：用括号中的词语完成对话：
　　A：你认为人民币的发展前景怎么样？
　　B：_____。（从……走向……）

☆练习☆

一、理解"品"和"销"两个字的意思，联想组词，可以查词典：

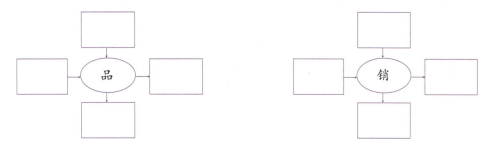

二、找出与下列句子中画线部分词义相同的词语并改写句子：

　　上榜　　识别　　重建　　优质　　认可　　前列　　驰名　　自主开发

1. 这座大楼盖了一半发现质量有问题，只好推倒了<u>再开始修建</u>。
2. 这首歌曲非常受欢迎，成为本月流行音乐排行榜中最新<u>登上排行榜</u>的歌曲。
3. 这款新产品从外观设计到制作工艺都是我们公司<u>自己研究开发的</u>。
4. 茅台酒是中国非常<u>有名</u>的品牌。
5. 从商品的包装外观上很难<u>辨认区别</u>假冒伪劣品与真品有什么不同。
6. 没有总经理的同意、<u>许可</u>，这个计划肯定没办法进行。
7. 他们公司最近几年在评选的百强企业中<u>一直在排名比较靠前的位置</u>。
8. 我们店销售的从来都是<u>质量很好</u>的产品。

三、选词填空：

　　案例　　信誉　　认可　　创造　　制造　　赢得
　　赚取　　撤出　　价值　　价格　　专利

1. 商家主要通过各种促销活动和良好的售后服务来（　　）客户。
2. 通过学习一些成功的销售（　　），可以提高我们的销售水平。
3. 一套房子的实际（　　）只有20万元，可是市场（　　）却卖到了100万。

### 新丝路——高级速成商务汉语 I
XINSILU GAOJI SUCHENG SHANGWU HANYU I

4. 国家决定从战场上（　　　）大部分军队。
5. 据说世界上70%的玩具都是中国（　　　）的。
6. 任何企业都希望用最少的投入（　　　）最大的利润。
7. 销售部提出的这个计划没有得到总经理的（　　　）。
8. 和我公司合作，请您放心，我们是有（　　　）的企业。
9. 老师常常鼓励孩子多思考，培养他们的（　　　）能力。
10. 这个技术是我公司自主研发的，我公司已申请了（　　　），如果没有得到我公司的授权而使用该技术，就侵犯了我们的知识产权。

四、在下面句子空格处填写合适的动词：

1. 这本小说已经连续三个月（　　　）畅销书排行榜的前列了。
2. 这款服装是假名牌，虽然（　　　）上了名牌商标，可是做工很差，你上当了。
3. 因为中国产品价格低廉，因此在一些国家（　　　）了反倾销的案例。
4. 最近股票价格不断下跌，很多投资者把资金（　　　）了股市。
5. 企业要想提升品牌形象，必须搞技术研发，（　　　）自主知识产权。
6. 为了（　　　）产品的技术含量，公司投入了大笔资金研发新技术。

五、参考括号里的词语完成对话：

1. A：微软（Microsoft）公司的产品怎么样？
   B：_____。（品牌　前列）
2. A：很多世界名牌服装都是在中国制造的，你对这个现象怎么看？
   B：_____。（商标　成本）
3. A：欧美国家为什么对中国商品实施反倾销？对中国商品有什么影响？
   B：_____。（低廉　走到尽头）
4. A：品牌的价值体现在哪里？
   B：_____。（消费者　企业　价格）
5. A：中国产品怎样才能从"制造"走向"创造"？
   B：_____。（技术含量　产品形象）

　（录音文本见本书第114页）

### 词语

1. 地板　　dìbǎn　　　（名）　　floor
2. 居然　　jūrán　　　（副）　　unexpectedly

# 第八课　自主创新

| 3. 采访 | cǎifǎng | （动） | gather news |
| 4. 供货 | gōng huò | | supply |
| 5. 脱销 | tuōxiāo | （动） | be sold out; be in short supply |
| 6. 秘诀 | mìjué | （名） | knack; recipe |
| 7. 定位 | dìngwèi | （动、名） | fixed position; location |
| 8. 高端 | gāoduān | （形、名） | senior |
| 9. 用户 | yònghù | （名） | user; consumer |
| 10. 委托 | wěituō | （动） | entrust; consign |
| 11. 天价 | tiānjià | （名） | very high price |
| 12. 原料 | yuánliào | （名） | raw material |
| 13. 物有所值 | wùyǒusuǒzhí | | something is worth the price |
| 14. 价格战 | jiàgézhàn | | price war |
| 15. 环保 | huánbǎo | （名、形） | environmental protection |
| 16. 家装 | jiāzhuāng | （名） | fitment |

**一、听录音，填表并回答问题：**

1. 关于这款地板：

| 价格 | 销售情况 | 产品定位 | 个人家庭用量% | 机关企业用量% | 生产地 | 年产量 | 品牌特色 |
|---|---|---|---|---|---|---|---|
| | | | | | | | |

2. 这款地板为什么会以天价销售？销售过程顺利吗？它是怎么得到消费者认可的？

**二、听录音填空，熟读下面的句子：**

1. 为了了解天价地板的销售情况，记者（　　　）了该企业的严总。
2. 我们的地板销售一直（　　　）紧张，甚至还常出现脱销的场面。
3. 我们的产品（　　　）就是高端用户使用的高档产品。
4. 我们在开发这款产品时，就特别（　　　）质量，（　　　）品牌。
5. 我们（　　　）德国工厂制造产品，贴自己的品牌。
6. 天价地板之所以天价，在于（　　　）加上特殊原料和工艺。
7. 刚开始消费者不（　　　）我们的高价位，所以我们尝试（　　　）品牌的环保特色。
8. 消费者逐渐认可家装环保的理念了，我们的产品就逐渐被市场所（　　　）了。

## 关于产品改进

由于不同国家或地区的经济发展水平、社会文化背景、政治法律等环境各不相同,所以,进行国际贸易一般要对原有产品进行改进。改进的内容包括:

1. 产品功能的改进

由于不同地区经济发展水平和自然条件不同,厂商往往要针对消费者的需求在同一产品上增加或减少一部分功能和配套设备,如西欧一些国家,人们习惯用热水洗衣服,洗衣机里就要增加电热设备。

2. 生产标准的改进

由于不同国家的电力系统不同,计量单位不同,进入国际市场的产品,尤其是机械电子产品,必须严格按照国际标准生产。ISO9000系列标准就是为了适应出口贸易和国际经济合作的需要,由国际标准化组织于1987年制定并公布的,世界上已有60多个国家和地区采用了这一标准。

3. 外观的改进

由于各国消费者的民族习惯、文化背景不同,形成了不同的审美观念,如中国人喜欢红色,认为蓝、黑、白色与死亡、悲痛有关,而泰国人视红、白、蓝色为国色。产品在进入国际市场之前,应在这些方面对原有产品的颜色、造型及其包装进行改进,以适应当地消费者的需求和爱好。

进入国际市场时,产品的品牌和商标是否需要改变,取决于多种因素。一般说来,如果企业实力雄厚,产品在国际上已有知名度,不仅不需要改变产品品牌和商标,而且应该作为一种知识产权在世界各国注册,以获得法律保护;如果企业实力不强,产品质量较高但缺乏知名度,则应考虑选择一家有名的生产同类产品的企业,或在国际上有知名度的中间商,用他们的品牌和商标打入国际市场,等打开销路后,再使用自己的品牌和商标。

## 词语

| | | | | |
|---|---|---|---|---|
| 1. 功能 | gōngnéng | (名) | | function |
| 2. 厂商 | chǎngshāng | (名) | | factory owner |
| 3. 配套 | pèi tào | (动) | | form a complete set |
| 4. 电力系统 | diànlì xìtǒng | | | electric system |
| 5. 计量单位 | jìliàng dānwèi | | | measure unit |
| 6. 机械 | jīxiè | (名、形) | | engine; machine |
| 7. 出口 | chūkǒu | (动) | | export |

# 第八课　自主创新

| | | | | |
|---|---|---|---|---|
| 8. 制定 | zhìdìng | （动） | lay down; draw up; draft; formulate |
| 9. 公布 | gōngbù | （动） | promulgate; announce; publish |
| 10. 外观 | wàiguān | （名） | outside appearance |
| 11. 审美 | shěnměi | （动） | appreciation of the beautiful |
| 12. 造型 | zàoxíng | （名） | modeling; mould-making |
| 13. 包装 | bāozhuāng | （动、名） | pack; package |
| 14. 当地 | dāngdì | （名） | local |
| 15. 雄厚 | xiónghòu | （形） | rich; abundant |
| 16. 知名度 | zhīmíngdù | （名） | popularity; fame |
| 17. 同类产品 | tónglèi chǎnpǐn | | same kind produce |
| 18. 中间商 | zhōngjiānshāng | | jobber; middleman; agent |
| 19. 销路 | xiāolù | （名） | sales outlet; bring to market |

句　型

1. 一般要对原有产品进行改进。
   "进行"用在动词前，表示从事某种活动。一般表示持续性的和正式、严肃的行为。

   > 例：(1) 公司要对新来的员工进行培训。
   > (2) 通过网络对新产品的销售情况进行调查。
   > (3) 我们打算选择一批产品进行重新设计。
   > (4) 我想请教你在股市下跌的情况下如何进行投资。

   练习：用括号中的词语完成对话：
   A：昨天你们部门怎么开了那么长时间的会？
   B：＿＿＿＿＿＿＿＿＿＿＿＿＿＿＿。（进行）

2. 对原有产品的颜色、造型及其包装进行改进，以适应当地消费者的需求和爱好。
   "以"是连词，表示目的。

   > 例：(1) 他坚持每天冷水洗澡，以增强身体的抵抗力。
   > (2) 公司花大力气对员工进行培训，以提高他们的服务质量。
   > (3) 我们要尽量降低生产成本，以增加企业利润。
   > (4) 他打算购买商业保险以解决养老问题。

   练习：用括号中的词语完成对话：
   A：下一年的广告费用是否还要增加？
   B：＿＿＿＿＿＿＿＿＿＿＿＿＿＿＿。（……，以……）

☆练习☆

一、根据文章内容判断正误：

1. 销往不同地区的产品在功能上会有所不同。　　　　　　（　　）
2. 出口的电子产品应该符合ISO9000系列标准。　　　　　（　　）
3. 中国生产的出口商品在包装上应该体现中国的文化习俗。（　　）
4. 中国产品要打入国际市场，必须在国外注册自己的商标。（　　）
5. 不知名的产品最好贴其他名牌商标来打开国际市场的销路。（　　）

二、把互相可以搭配的词语连线：

缺乏　　　　法律保护
获得　　　　国际市场
适应　　　　品牌知名度
打开　　　　产品销路
改进　　　　用户需求
打入　　　　产品信息
公布　　　　商品包装

三、参考括号里的词语完成对话：

1. A：国际贸易中一般要对原有产品进行哪些方面的改进？为什么要对产品进行改进？
   B：_____。（进行　以）
2. A：所谓的改进产品标准，指的是什么？
   B：_____。（不同　尤其）
3. A：ISO9000系列标准是什么？
   B：_____。（为了　采用）
4. A：对产品外观的改进主要包括哪些方面？为什么做这样的改进？
   B：_____。（形成　适应）
5. A：在国际贸易中，企业应该怎样更好地利用品牌的价值？
   B：_____。（知名度　销路）

说一说

一、分组讨论，每组总结讨论结果后选代表发言：

1. 分别站在消费者和品牌厂商的立场上讨论优质高价的品牌商品的优缺点。
2. 消费者欣然购买一杯售价40元的星巴克（Starbucks）咖啡的理由是什么？星巴克卖的仅仅是咖啡吗？
3. 如果将奔驰（Benz）轿车的LOGO取下，放上吉利（Geely）轿车（一般售价2—10万元人民币）的商标，你觉得这辆汽车能卖多少钱？为什么？

## 第八课　自主创新

4. 为什么中国政府号召企业自主创新？中国企业进行自主创新的最大的困难是什么？是盗版和假货吗？

二、分组模拟商务活动：

角色：A是销售人员　B是消费者

1. 根据下面两类产品的情况，A向B推荐说明其中的一款产品，解答B的疑问，尽量说服B购买该产品。
2. 对话结束后B要告诉大家购买或者拒绝购买该产品的原因。

★ 清风绿茶：盒装，净重200（g），保质期18个月，
　　　　　　等级：特级。
　生产厂家：陕西省清风绿茶有限责任公司。
　产品介绍：中国特种绿茶，采用传统工艺生产，
　　　　　　在唐代是皇家御用品。
　产品特点：1. 产于中国北部山区，茶叶生长期
　　　　　　　长，生态环境好。
　　　　　　2. 品质特点：纯绿色、全天然、无污
　　　　　　　染；味道清香。

★ 折叠电脑桌：专门为笔记本电脑设计的，桌面
　　　　　　　的高度、宽度能自由调整，折叠
　　　　　　　后能轻松装进笔记本电脑包。

## 写一写

一、消费者想购买一款手机，手机店的销售人员向消费者推荐两款产品，可是消费者都不满意，并提出了很多意见。请根据后面的图片和提示完成对话：

销售员：您好！这是我们新上市的产品，看看吗？
消费者：这款产品有什么功能呢？和其他产品相比，有什么特点？
销售员：_____
　　　　_____。

消费者：听起来不错，不过，_____
　　　　_____。

销售员：那么您想要什么样的呢？
消费者：_____。
　　　　……

 A₁款

 C₃款

A1款特点：显示屏大；正在促销，价格便宜；话质清晰。

C3款特点：外形小巧美观；功能多；省电。

二、销售人员根据消费者意见向公司提交一份报告，内容包括：
1. 说明消费者对产品的意见
2. 提出产品应该如何改进

## 综合运用

你了解下面的中国名牌产品吗？选择其中的一两种介绍其品牌历史、产品投放市场情况以及他们的成功经验，尽量使用本课学过的词语。

# 第八课  自主创新

## 商务背景知识链接

### 一、倾销(Dumping)与反倾销(Anti-dumping)

倾销是指一个国家或地区的出口经营者以低于国内市场正常或平均价格甚至低于成本价格向另一国市场销售其产品的行为,目的在于击败竞争对手,夺取市场,并因此给进口国相同或类似产品的生产商及产业带来损害。

反倾销是指一国(进口国)针对他国对本国的倾销行为所采取的对抗措施。

贸易的全球化趋势愈强,各国对本国产业的保护倾向也随之愈强,反倾销就成为大多数国家主要采取的贸易保障制度。反倾销是WTO允许的世界各国均可采用的维护公平贸易秩序,抵制不正当竞争的重要手段之一。反倾销法律已成为WTO成员方贸易法律的重要组成部分。

### 二、品牌排行榜

# "听一听"录音文本

## 第一课　开业大吉

（在工商管理局门口）

张大明（男）：这不是李经理吗？好久不见了，最近忙什么呢？
李林林（女）：是张主任啊！好久不见！我前不久离开了原来的公司，现在正在筹备自己开家公司呢，这不，今天就是来办理注册手续的。
张大明：自己当老板啦！恭喜恭喜，以后该叫你李老板啦。
李林林：哪里哪里！只是一点儿小买卖，以后肯定少不了和工商局打交道，有很多事还要向张主任请教。
张大明：不敢当。你们公司主要做什么业务啊？
李林林：还是做进出口贸易，主要经营服装，我以前在公司就是负责这一块业务，比较熟。张主任，这是我的新名片，您多指教。
张大明：（接过名片，边看边读）友联合资股份有限责任公司，董事长，嚯，这哪儿是小买卖，挺大的嘛！
李林林：您知道我早就想开公司自己干，可是资金不足，正好有一家法国公司愿意投资入股，公司这才能开起来。现在还只有二三十名员工。
张大明：慢慢来嘛。我在这儿先祝贵公司生意兴隆！
李林林：谢谢！等我拿到营业执照开业那天，请张主任一定要到我们公司去看看。
张大明：好，到时候一定去。这会儿我要出去办点儿事，改天咱们再联系吧。
李林林：那您有事先忙，以后再专门去拜访您！再见！

# "听一听"录音文本

## 第二课　芝麻开门

（电话铃响）

男：您好，这里是中原公司。

女：是李经理吗？我是大连投资有限公司的张红。

男：您好！张小姐，我就是李明。

女：贵公司的贷款申请书和提交的相关资料我们都收到了，我公司对这些资料进行了仔细审核和实地考察，现在，我公司认为你们的项目很有发展潜力，所以基本同意贵公司的贷款申请，不过贷款利率高于同期银行贷款利率0.3个百分点。

男：是吗？我们接受这个利率标准，非常感谢贵公司的信任和支持。

女：在发放贷款之前，我还需要跟贵公司确认一下支付方式，要转账的企业账户名就是西安市中原文化发展有限公司，是吧？

男：对，是中国工商银行的账户，银行账号是1706 0221 1906 8060 520。

女：我再重复一遍，1706 0221 1906 8060 520，对吧？

男：没错儿，另外，我公司希望下周三之前就能够签订正式的贷款合同。

女：如果没有什么意外的话，我想没有问题。

男：我听说贵公司有2个工作日内快速贷款的业务，不知道我们公司是否可以得到这样的快速贷款？

女：是这样的，2个工作日的快速贷款业务目前只受理北京地区的客户，而且要能提供房产、汽车等抵押物。贵公司的200万贷款在签订正式合同后十日之内，我们就可以把钱打到你们的账户里了。

男：我明白了，谢谢！那么就等你们的电话了。

女：好的，有什么问题我们再联系，再见！

## 第三课　合作共赢

　　作为全球最成功的快餐连锁企业之一，麦当劳的成功之道就是连锁经营。目前，麦当劳在华已经拥有近700家餐厅。麦当劳的成功也带动了中式快餐业的发展。成立于1995年的马兰拉面现有连锁店436家，其中包括境外的3家加盟店，年销售收入突破了4亿元。

　　加盟连锁店最大的好处是能直接借用总部的金字招牌和经验，降低经营的风险。对于没有经营经验的人，可以通过连锁总部的训练指导，比较容易在较短的时间内入行，成功的概率也比较大，这是加盟连锁店的优势。但是，分店会因为地方习俗、市场、竞争环境等的不同，与总部存在很大差异。加盟者"复制"完总部经营场所的环境、气氛和产品后，还要具有经营管理和开拓市场的能力。因为管理经验、资金不足或者加盟店太多等原因导致经营失败的加盟店也有很多。张女士的装饰品店就是一个例子。杭州的张女士参观了北京的总店后，很快就和总店签订了加盟协议。开业最初的两三个月，效益还不错。可是不到半年时间里，杭州又出现了三个加盟店，店里的商品品种、价位几乎和张女士店里的一模一样。到年底一算账，挣的钱支付完员工的工资、房租以后，利润还不到一千元。张女士只好关门转让了店铺。

## 第四课　伯乐与千里马

　　有一次我面试一位初试合格的应聘者,我的测试题目是给他一个魔方,问他能不能把它弄成六面六个颜色。他拿着魔方,面有难色。我对他说:"如果你没有考虑好,可以把魔方拿回去考虑,直到星期五。"同事问我为什么出这个考题。我是这样考虑的,如果他把魔方拆开,然后一个个安上去,这就说明他敢作敢为,就可以从事开拓市场方面的工作;如果他拿漆把六面刷出来,说明他很有创意,可以从事软件开发部的工作;如果他当天下午就把魔方拿回来,说明他非常聪明,领悟能力强,可以做我的助理;如果他星期三之前把魔方拿回来,说明他请教了人,也就是说他很有人缘,可以去客户服务部工作;如果在周五之前拿回来,说明他勤劳肯干,从事低级程序员的工作没问题;如果他最终拿回来说他还是不会,那说明他人很老实,可以从事保管或财物方面的工作;如果他拿不回来,那我就爱莫能助了。

## 第五课　家和万事兴

　　**人事部经理(女):**大家好,我是人事部经理李明,首先欢迎各位来到我们公司参加招聘面试并且即将成为我公司的新员工。我想,关于员工的福利待遇问题是大家都非常关心的,那么下面我就来简单介绍一下本公司在这方面的规定。员工通过面试正式录用以后,有三个月的试用期,这期间的基本工资是该岗位工资的80%,公司提供宿舍和午餐,用餐标准是每人每天不少于10块钱,不住公司宿舍的有每月500元住房补贴。试用期满,员工和我们公司签订了正式的工作合同以后,公司会为员工办理国家《劳动法》规定的五种保险,也就是基本养老保险、工伤保险、基本医疗保险、失业保险和人身意外保险。为了表示对优秀员工的鼓励,公司还会在每年12月根据员工的业绩表现给予不同程度的加薪,另外,每年年底还为员工进行一次体检。平时加班有加班补助,员工每年享有10天的带薪休假,节假日加班领取双倍补助。还有就是,销售业务员每月包销10台,除了享受每月1000元工资以外,超出部分每台奖励20元。当然如果连续三个月没有完成包销任务,公司也会扣除年终奖金的。基本情况就是这样,大家还有什么疑问吗?

　　**应聘者(男):**谢谢李经理的说明,我有一个问题不知道该不该问,我应聘的岗位可能常常需要出差,和其他公司打交道也比较多,所以我想问问手机话费和交通费公司给不给报销?

　　**人事部经理(女):**关于这个问题,公司有明确的规定,如果岗位需要的话,手机话费每月可以报销100元,打的费或者汽油费每月的报销额是500元。

## 第六课　众人拾柴火焰高

　　**男:**小丽,最近公司不用加班吧?周末有时间一起去爬山怎么样?

　　**女:**真不巧。这个周末我们公司组织大家去郊区参加一个拓展训练。对了,你参加过这种拓展培训吗?到底什么是拓展培训呀?我觉得又紧张又好奇。

# "听一听"录音文本

男：去年我们公司也组织过一次，挺好玩儿的。你不用紧张。所谓拓展培训，就是一种户外体验式培训。这种体验式训练和平时我们在课堂上听讲很不一样，它是通过学员个人或者团队完成一些任务，让学员感受在完成任务的过程中所需要的勇气、信心和集体智慧。你就把它当做一个游戏就行了。

女：你这么说，我大概明白了。拓展培训一般都有什么样的项目呢？

男：这种训练一般分成挑战型项目和合作型项目。挑战型项目常常是要求学员挑战自我，发挥自己最大的潜能，树立信心。比如有个叫"断桥"的项目要求学员爬到一个十米高的架子上，架子的中间有将近两米的缺口，教练要求学员从缺口上跳过去，我记得当时有好几个女同事都快吓哭了，在高架上站了20分钟才在队友的鼓励下鼓足勇气跳了过去。

女：真的是很大的挑战，我想这也是为了让学员正视困境，减少对危机感的恐惧吧。那合作型项目呢？

男：合作型项目一般都是团体项目，需要学员发挥团队合作精神，掌握正确的合作方法，一切从集体的利益出发，从而使每个人都融入团队之中，使员工之间能主动沟通、正确判断、默契配合，提高工作效率。另外就是可以拓宽员工的思维空间，使员工解决问题的能力和创新能力大幅提升。有很多任务必须要换一种思路才能解决问题，这是最重要的，一定要记住。你放松心情去参加培训吧，肯定会有很大的收获的。

# 第七课　更上一层楼

## 某建筑分公司总经理述职报告

各位领导、各位同事：早上好！

现在，我把自己任职以来的工作情况向各位做一个简单的汇报。

首先我报告一下履行职责的情况。

从去年1月12日分公司实行高级管理职位竞选上岗以后，我担任建筑公司总经理一职，重点分管对外业务联系、施工工作协调、工程招投标、合同管理、日常事务管理。经过近一年的工作，我已经完全融入到了这个团队里。总结一年来的工作，主要有以下三个方面：

1. 业务拓展情况

自今年年初以来，我们努力承接对外施工业务，先后参加了九龙园A区和B区工程项目的招标工作，目前正在准备投标文件，从我们了解的情况来看，我公司中标的希望很大。

2. 现有施工项目管理情况

目前公司施工项目不多，主要是去年几个项目的收尾工作，在全体员工的共同努力下，施工进展良好。

3. 建设企业文化

为了提高公司管理工程的水平，我们通过组织一系列的培训学习，使全体员工认识到：工作岗位没有高低之分，只要大家齐心努力，就可以发挥最大的团队力量。另外，我们在过去的一年中努力降低内部消耗，在水、电以及办公耗材等方面节省开支，避免浪费。在保证工程进度的前提下,仅水电一项就节省开支200万元。

下面我谈一谈存在的问题和今后努力的方向。

回顾检查存在的问题,我认为主要有两点:第一,公司在市场开发方面做得不够,下一步的工作重点是要加大宣传力度,扩大公司的影响。第二,高素质的技术设计人员不足,我们计划有步骤地招聘一些专业人才,不断提高工程方案设计质量。

作为总经理,在今后的工作中,我将努力学习,提高工作能力和业务水平,尽快把公司建设成建筑行业的一流企业。

以上是我的述职报告,请各位领导和在座的各位员工进行审议监督。

谢谢大家!

# 第八课　自主创新

女记者:各位听众朋友,大家晚上好。欢迎大家继续收听我们的《产品与市场》节目。最近上海市场出了一款地板,每平米居然卖到了三千多块钱,这么贵的地板能有人买吗?为此,我们来采访一下该企业的严总。

严　总:是啊,很多人担心我们的销量,事实上,我们的地板销售一直供货紧张,甚至还常出现脱销的场面。

女记者:那么,贵公司成功的秘诀是什么呢?

严　总:总结起来,首先我们的产品定位就是高端用户使用的高档产品,我们开发这款地板的时候,个人家庭用量,只考虑占10%到20%,80%多为机关企业用户。其次,就是注重质量,打造品牌。我们委托德国工厂制造产品,贴自己的品牌。天价地板之所以天价,在于品牌加上特殊原料和工艺。目前全球一年只能生产10万平方米。

女记者:怪不得价钱这么高呢,确实是物有所值。推出这款产品的过程很顺利吗?

严　总:说实话,年初我们推出这一款产品时,正好赶上了地板行业价格战,消费者不认可我们的高价位,所以我们尝试突出品牌的环保特色。到11月、12月消费者逐渐认可家装环保的理念了,我们的产品就逐渐被市场所接受了。

# 练习参考答案

## 第一课　开业大吉

**课文**

一、业：开业、创业、职业、专业、事业、行业、就业、失业、同业、企业、营业、服务业、工业、农业、商业、金融业、加工业、银行业、制造业；业务、业绩、业界、业余、业主

资：工资、邮资、出资、投资、独资、合资、内资、外资、筹资、集资、撤资、耗资、融资、招商引资、物资、巨资、捐资、验资；资金、资本、资产、固定资产、国有资产、资不抵债、资助、资方、资费

二、1. 开业　　2. 审批　　3. 选址　　4. 法定　　5. 限额
　　6. 科技　　7. 出资　　8. 验资　　9. 备齐　　10. 初审

三、1. 领取　　2. 经营　　3. 审批　　　4. 资金
　　5. 开发　　6. 股东　　7. 批发　零售　8. 筹备

**听一听**

一、1. B　　2. C　　3. B
二、1. ×　　2. ×　　3. √　　4. ×　　5. ×
三、1. 指教　2. 请教　3. 请教　4. 指教　5. 请教

**读一读**

一、1. 服饰　　2. 技工　　3. 营销　　4. 品质　　5. 欧美
　　6. 拓展　　7. 理念　　8. 远销　　9. 简介　　10. 占地

**说一说**

三、
　　李　新：您好！请问张主任在吗？

115

张主任：我就是，你是李新吧，欢迎你加入我们公司！

李　新：张主任，感谢公司给我这个工作机会。我一定会珍惜这次机会，努力工作的。

张主任：我们也相信你的才能，希望你今后为公司多做贡献。你已经知道了吧，公司安排你来负责研发部工作，你还没有到研发部吧？走，我带你去认识一下。

（两个人到了研发部）

张主任：大家停一停手里的工作，我给你们介绍一下，这位就是新来的研发部经理李新，以后研发部的工作就由他负责，你们要在工作上多多配合(cooperate)他。李经理，这位是研发部的设计人员王红。

王　红：李经理，欢迎您。这是我的名片，以后在工作中请多指教。

李　新：谢谢！你太客气了。我刚到公司，有些情况还不太熟悉，还要麻烦你多给我介绍介绍，希望大家一起工作愉快！

王　红：李经理，这是您的办公室，您还满意吗？这儿有电脑，有宽带网，打印机和扫描仪在旁边桌子上，复印机在外边，是大家共用的。您看还缺少什么吗？

李　新：暂时不需要什么，谢谢你了。

**综合运用**

二、

（现在我们欢迎张总经理讲话，大家鼓掌。）

张总经理：大家好！首先欢迎各位参加今天的开业庆祝酒会。中发公司以前的业务主要在北方地区，为了拓展南方市场，总公司一年前就开始筹备成立上海分公司，经过前一阶段艰苦的努力，中发公司上海分公司终于开业了，我感到非常高兴。在此，我代表总公司向大家表示祝贺和感谢，希望各位在今后的工作中，能够团结合作，我相信在各位的努力下，公司一定会有一个美好的未来。让我们举杯，为公司美好的前景干杯！

# 第二课　芝麻开门

**课文**

一、贷：贷款、贷方、贷出、贷入；房贷、车贷、高利贷、借贷、放贷、信贷

　　商：商店、商品、商人、商厦、商务舱、商标、商行、商号、商户、商会、商机、商家、商检、商界、商铺、商情、商社、商务、商务部、商业、商用、商战；外商、制造商、中间商、厂商、代销商、供货商、开发商、客商、零售商、批发商、券商、招商、通商、经商、经销商、巨商、奸商

二、1. 外商　　2. 物价　　3. 外资　　4. 央行　　5. 大幅

　　6. 同比　　7. 累计　　8. 上调　　9. 截至　　10. 信贷

三、1. 低迷　　　2. 大幅　　　3. 利率　　　4. 投资　　　5. 金额
　　6. 跨国　　　7. 截至　　　8. 活期　　　9. 现行　　　10. 累计

**听一听**

一、1. √　　2. √　　3. ×　　4. ×　　5. ×

**读一读**

一、1. 加息　　　2. 调控　　　3. 增幅　　　4. 罕见　　　5. 房贷
　　6. 延期　　　7. 免缴　　　8. 理财　　　9. 调减　　　10. 荡然无存
三、1. ×　　2. ×　　3. ×　　4. √　　5. ×　　6. ×

## 第三课　　合作共赢

**课文**

一、营：营业、营业员、营业额、营业执照、营销、营利、营运；经营、运营、国营、民营、私营、合营

　　利：利益、利息、利润、利率；获利、福利、赢利、微利、薄利多销、暴利、红利、专利、让利、毛利、净利、互利、一本万利

二、1. 区域　　2. 共赢　　3. 运作　　4. 伙伴　　5. 经营
　　6. 运营　　7. 保障　　8. 从业　　9. 系统　　10. 持续

三、1. 开设　2. 转让　3. 融入　4. 分摊　5. 给予　6. 承担/支付　7. 加盟　8. 拥有

**听一听**

一、1. ×　　2. √　　3. ×　　4. ×　　5. ×　　6. ×

**读一读**

一、1. ×　　2. ×　　3. ×　　4. √　　5. ×　　6. √　　7. √　　8. ×
二、1. 扩产　2. 概算　3. 面议　4. 年产　5. 投产　6. 舒适度　7. 完工　8. 创汇

**写一写**

李先生：

　　您好！

　　我是SK投资公司的项目经理。最近在网上看到您的招商启事，对贵公司的电子项目很有兴趣。本公司正在寻找合适的投资机会，因此去信希望进一步了解贵公司的项目情况，以便确定合作意向。

　　首先，我们想知道您在启事中提到的国外风险投资公司具体是哪一家公司。其次，还想了解一下贵公司有哪些控制项目风险的措施。另外，该项目的具体内容能不能做更详细的说明。

以上问题希望尽快得到您的答复。如有可能,也可考虑双方进行一次面谈,具体时间请电话联系:12345678。

　　顺颂

商祺!

王立

2008年10月29日

## 第四课　伯乐与千里马

**课文**

一、聘:聘请、聘任、聘用、聘金、聘期、聘书;招聘、受聘、应聘

　　职:职员、职业、职位、职工、职场、职权、职能、职责、职务、职称;称职、尽职、求职、辞职、兼职、全职、在职、就职、撤职、调职

二、1. 初试　　2. 复试　　3. 是否　　4. 好恶　　5. 现状

　　6. 据此　　7. 从业　　8. 要素　　9. 笔试　　10. 面试官

三、1. 岗位　　2. 把握　　3. 尴尬　　4. 人才　　5. 逻辑

　　6. 素质　　7. 从业　　8. 筛选　　9. 符合　　10. 责任心

**读一读**

一、1. ×　2. √　3. ×　4. √　5. ×　6. ×　7. √　8. ×

二、1. 加班　　2. 招聘　　3. 裁员　　4. 就业　　5. 权威

　　6. 对口　　7. 兼职　　8. 破格　　9. 解雇　　10. 应聘

三、1. 投/递交/发　　2. 淘汰　　3. 交　　4. 补充

　　5. 达到　　6. 推举　　7. 通过/合格　　8. 宣布

**写一写**

求职信

尊敬的出版社负责人/领导:

　　您好!

　　我是来自韩国/美国的×××。我在报纸上看到贵社的招聘启事后,有意应聘发行主管一职。

　　我2008年毕业于北京大学光华管理学院行政管理专业,大学本科学历。大学期间曾在一家中美合资的出版集团公司实习,担任过一年的图书发行部部长助理职务,对图书发行工作有比较深入的了解,在工作中我积极进取,认真负责,能团结同事,虽然我工作的时间不长,但得到了发行部部长和同事的一致肯定。通过这次实习经历使我对图书出版发行工作产生了浓厚的兴趣,也积累了一定的经验。

　　本人能熟练使用电脑办公软件,精通英语、韩国语和汉语三种语言,拥有BCT4级、TOEIC870分等语言水平证书,有很强的与人沟通能力。本人性格开朗,富有创

意,人际关系良好。

  总之,我认为自己是非常适合该岗位的人选,如果贵社能够给我一个面试的机会并录用我的话,我一定会努力工作,发挥自己所有的才能,为贵社做出自己的贡献。对此我有充分的信心。

  随信附上本人的简历,望查收。期待您的回复!祝贵社事业蒸蒸日上!
  敬祝
冬安!

×××敬上<br>2008年11月18日

## 第五课　家和万事兴

**课文**

一、薪:薪水、薪酬、薪金、薪资;年薪、月薪、起薪、底薪、高薪、欠薪、加薪、发薪、工薪阶层
　　保:保险、保费、保额、保单、保险箱、保存、保证、保修、保障、保质期、保质保量、保证金;医保、投保、退保、续保、担保、参保
二、1. 年薪　　2. 寿险　　3. 估算　　4. 险种
　　5. 保费　　6. 高薪　　7. 资深　　8. 业绩

**读一读**

二、1. 报酬　　2. 行业　　3. 垄断　　4. 创业　　5. 薪酬
　　6. 资历　　7. 策划　　8. 职业　　9. 职务　　10. 分配
三、1. 做/进行　　2. 为/只有　　3. 拉/拿　　4. 拿/领　　5. 占
　　6. 跳槽 从事/做 7. 达到/突破　　8. 分配/派　　9. 接受/迎接　　10. 积累

**说一说**

二、
  喂,你好!是王伟吗?我是达利公司的人力资源部主任。我打电话是要通知你,你已经顺利通过了我们公司的笔试和面试,公司决定录用你了,向你表示祝贺。关于你的工作职位,公司决定请你担任销售部经理一职,具体的工作内容等你下周正式上班后由你的前任经理向你说明。关于你的待遇,可能你已经有所了解,销售部经理属于公司中层管理人员,底薪是每月5000元,因为公司无法提供住宿,其中包括1000元的住房补助。此外根据销售部的业绩表现还有年终奖金和每月提成。另外,公司会为你上三种保险。基本情况大概就是这样,如果没有什么问题的话,请你从下周一开始上班。我代表公司欢迎你成为我公司的一员,祝你工作愉快!有什么问题可以随时来找我。

**写一写**

　　图1显示,深发公司不同的职务/岗位的薪资水平有很大的差异。图中列举了13种岗位及其他岗位的薪资水平,其中年薪在5万元以上的岗位有两个,一是项目管理,平均薪资水平为53573.23元,投资管理岗位的薪资最高,达到58129.81元。薪资水平在4万到5万元之间的岗位有5个,按从高到低的顺序排列,依次是高级分析师、销售、市场和公关、证券投资分析、研究与发展和项目监控。薪资水平在3万到4万元之间的岗位有4个,从高到低依次是后勤采购、法律事务、人力资源和教育培训以及财务、会计、商务。薪资水平最低的岗位是行政管理和文秘,年薪分别为29898.7元和26017.87元。从图1中可以看出,管理类的岗位薪资明显高于从事具体工作的岗位,薪资水平差距超过一倍。从图2可以明显地看到,学历和薪资水平有很大的关系,学历越高,年平均薪资就越高。硕士和博士学历的职员年薪都在5万元以上,博士稍高,二者差距不大。本科学历的职员年薪为41108.55元,而大专和大专以下学历的人薪资明显降低,均不到3万元。值得注意的是,拥有MBA学历的职员薪资水平明显高于博士学历的人,达到了70654.1元。

# 第六课　众人拾柴火焰高

**课文**

一、层：层次、层级、层出不穷、层面；上层、阶层、高层、中层、下层、基层

　　益：益处、益友、益鸟、益虫、益智游戏；利益、效益、有益、权益、损益、获益、收益、受益人、公益、受益匪浅

三、1. 日新月异　　2. 大有裨益　　3. 步调　　4. 归根结底
　　5. 凝聚力　　　6. 价值观　　　7. 落伍　　8. 轮调

**听一听**

一、1. C　2. A　3. C　4. C　5. B

三、1. 组织/安排　　　　2. 当做/看做　　　　3. 发挥/激发　树立
　　4. 鼓起/鼓足　　5. 发挥　掌握　出发　　6. 提高　拓宽/拓展　提升

**读一读**

一、1. ×　2. √　3. ×　4. ×　5. ×　6. ×

二、1. 薄弱　　2. 环节　　3. 针对性　　4. 经济　　5. 竞争力
　　6. 权利　　7. 进度　　8. 义务　　　9. 技巧　　10. 综合

三、1. 强　满足　　2. 投入　　3. 存在/有　　4. 维持/达到　　5. 加长
　　6. 缺乏/没有　7. 保证　提高　节省/控制　　8. 明确　　9. 安排
　　10. 象征

**写一写**

根据"教育性质定性分布图",我们可以看出不同性质的教育在内容方面的差异。柱形图显示,幼儿园和中小学教育、大学教育、职业培训以及拓展培训在知识、技能、世界观上侧重点有所不同。在幼儿园和中小学阶段,以知识训练为主,知识的比例达到80%以上,其次是有关世界观的教育,技能所占的比例最小。从图中还可以看出,知识所占的比重在幼儿园和中小学、大学教育、职业培训及拓展训练中逐渐减少,在大学阶段仍占一半以上,而在职业培训中,更侧重于技能训练,所占比例超过知识训练占一半以上。在拓展培训中,最重要的是世界观的训练,知识训练只占很小的比例。这说明,职业培训和拓展训练的重点完全不同于学校教育,因此企业在进行职业培训和拓展培训时要明确目的,制定合理的培训方案。

## 第七课　更上一层楼

**课文**

一、列:列表、列队、列举、列位、列国、列后、列入、列席;排列、下列、陈列、前列、行列、队列、系列、罗列、开列

　　责:责任、责编、责任心、责无旁贷;职责、负责、尽责、专责、权责、罪责

三、1. 避免　　2. 回避　　3. 回避　　4. 避免　　5. 回避　　6. 避免

**听一听**

二、1. √　　2. ×　　3. ×　　4. ×　　5. √　　6. ×

三、1. 做　　2. 履行　　3. 担任／分管／负责／承担　　4. 回顾／总结
　　5. 进展　　6. 节省／节约／减少　　7. 加大／增强　　8. 招聘／培养／培训

**读一读**

一、1. ×　2. √　3. ×　4. ×　5. √　6. ×　7. ×　8. ×

三、1. 争取　　2. 空缺　　3. 欠缺　　4. 事务　　5. 凭借
　　6. 甘心　　7. 急功近利　　8. 失落　　9. 时机　　10. 挫折

四、(一) 1. 处理／解决　　2. 祝贺　　3. 吸取　　4. 把握／争取　　5. 递交
　　(二) 1. 丰富　　2. 突出／出色　　3. 好　　4. 成熟　　5. 深入／坦诚

**说一说**

二、各位同事:

　　大家好!作为顺发快餐公司总经理,感谢各位今天给我这个机会回顾总结我两年来的工作情况。下面是我的述职报告。

　　我是2007年8月1日开始担任现职的,至今已经整整两年时间了。在公司全体员工的支持和帮助下我们取得了一些成绩,总结起来,主要有以下几点,一是加大投入提高菜品的质量,尽量采购优质原料,严格卫生管理。二是招聘了部分员工,送货车辆改

自行车为摩托车,提高了送餐速度。三是努力拓展市场,在过去的两年里共增开了6家连锁店,业务范围也拓展到了海外市场,这大大提升了我们的品牌知名度,在消费者中间树立了良好的品牌形象。

在工作中也存在着一些问题,主要的问题有两个,一是公司规模不断扩大,但利润增长不明显,主要的原因是在提高产品质量的同时造成成本提高。二是由于业务量的快速增加,造成员工的工作量加大,工作时间延长,有些员工有抱怨的情绪。因此在今后的工作中,要努力降低成本,提高工作效率。争取尽快提高利润,增加员工福利。

以上是简单的工作汇报,请董事会和全体员工审核。

### 写一写

辞呈

尊敬的董事长:

您好!

首先,非常感谢您这三年来对我的信任和关照。

自三年前到公司任职以来,我觉得能有机会到公司来工作是我的幸运,所以我一直非常珍惜这份工作。在公司工作的这三年多的时间中,我学到了很多东西,无论是在专业技能方面还是做人方面都有了很大的进步,感谢公司给予我这样的工作和锻炼机会,感谢公司领导对我的关心和培养,也感谢同事们对我的无私帮助和支持。但同时我也发现自己对目前所从事的业务主管工作的兴趣正逐渐减少,我不希望自己带着这样的情绪工作,这样既对不起公司也对不起自己。我希望能够学习更多的专业技能,接受更大的挑战。因此我决定辞职。对于我此刻的离开我只能表示深深的歉意,请您谅解并支持我做出的决定。希望我们以后还有共事的机会。我会在两周后离开公司,以便完成工作交接。

在这三年中,公司在不断进步,我很遗憾不能再为公司辉煌的明天贡献自己的力量,衷心地祝愿公司业绩不断提升!祝公司领导和各位同事工作顺利!

顺祝

安好!

李新红

2009年9月5日

## 第八课　自主创新

### 课文

一、品:品牌、品质、品种、品级、品位、品名;物品、产品、用品、药品、赠品、商品、样品、展品、制品、成品、半成品、正品、次品、精品、出品、日用品、非卖品、耐用品、农产品、消费品、纺织品、处理品、奢侈品、违禁品、珍品、舶来品

销:销售、销售员、销路、销量;营销、推销、促销、代销、包销、展销、直销、分销、传销、经销、经销商、试销、返销、赊销、畅销、滞销、热销、倾销、脱销、专销、自销、薄利多销

三、1. 赢得　　2. 案例　　3. 价值　价格　4. 撤出　　5. 制造
　　6. 赚取　　7. 认可　　8. 信誉　　　9. 创造　　10. 专利
四、1. 排在/位于　　2. 贴　　3. 出现　　4. 撤出　　5. 拥有　　6. 提高

## 读一读

一、1. √　　2. √　　3. ×　　4. ×　　5. √

## 写一写

二、
关于A1款和C3款手机的销售情况报告

公司自上个月开展A1和C3两款手机的促销活动以来,总体销售情况良好,受到广泛的关注。销量也比活动前有了明显的上升。但是在销售过程中,我们也听到了不少消费者对这两款产品的意见。主要的意见总结如下:

A1款产品是我公司销售的一款成熟机型,它的特点是显示屏比较大,通话质量好,信号稳定,而且在促销期间价格优惠幅度也比较大,购买这款产品的消费者以老年人为主,而大部分年轻消费者都反映这款产品功能较少,外观式样比较老旧,颜色也不够明亮,还有部分老客户反映这款产品电池待机时间太短。而C3款手机在外观、功能及节电方面都具有优势,但是有部分客户认为这款产品在文字输入以及选择不同功能时操作比较复杂,而且屏幕容量比较小。

针对以上顾客反映比较集中的意见,我们建议厂家应该对这两款产品进行适当的改进。对于A1款产品,可以直接定位为送给父母的手机,更换优质电池。对于C3款手机,在外形方面可以考虑增大屏幕面积,同时简化操作程序。相信改进之后的这两款手机一定会得到更多顾客的认可。

# 生词总表

**说明**：每课生词分为"课文"、"听一听"、"读一读"三个部分，在"生词总表"中 1.1、1.2、1.3 分别表示第一课"课文"、"听一听"、"读一读"里的生词。再如，4.2 就表示第四课"听一听"部分里的生词。

## A

| | | |
|---|---|---|
| 爱莫能助 | àimònéngzhù | 4.2 |
| 案例 | ànlì | 3.1 |

## B

| | | |
|---|---|---|
| 把握 | bǎwò | 4.1 |
| 白领 | báilǐng | 1.3 |
| 百分点 | bǎifēndiǎn | 2.1 |
| 拜访 | bàifǎng | 1.2 |
| 办理 | bànlǐ | 1.2 |
| 包装 | bāozhuāng | 8.3 |
| 保费 | bǎofèi | 5.1 |
| 保管 | bǎoguǎn | 4.2 |
| 保险 | bǎoxiǎn | 5.1 |
| 保障 | bǎozhàng | 3.1 |
| 报酬 | bàochou | 5.3 |
| 报销 | bàoxiāo | 5.2 |
| 背道而驰 | bèidào'érchí | 6.3 |
| 比例 | bǐlì | 3.3 |
| 笔试 | bǐshì | 4.1 |
| 避免 | bìmiǎn | 7.1 |
| 标准 | biāozhǔn | 5.2 |
| 表格 | biǎogé | 1.1 |
| 薄弱 | bóruò | 6.3 |
| 补贴 | bǔtiē | 5.2 |
| 补助 | bǔzhù | 5.2 |
| 步调 | bùdiào | 6.1 |
| 步骤 | bùzhòu | 1.1 |
| 部门 | bùmén | 4.1 |

## C

| | | |
|---|---|---|
| 财务 | cáiwù | 4.2 |
| 裁员 | cáiyuán | 4.3 |
| 采访 | cǎifǎng | 8.2 |
| 采取 | cǎiqǔ | 6.1 |
| 参差不齐 | cēncībùqí | 6.3 |
| 策划 | cèhuà | 5.3 |
| 层次 | céngcì | 6.3 |
| 拆开 | chāikāi | 4.2 |
| 厂房 | chǎngfáng | 1.3 |
| 厂商 | chǎngshāng | 8.3 |
| 场所 | chǎngsuǒ | 1.1 |
| 撤出 | chèchū | 8.1 |
| 陈述 | chénshù | 7.1 |
| 成 | chéng | 5.3 |
| 成本 | chéngběn | 3.3 |
| 承担 | chéngdān | 3.1 |
| 程序 | chéngxù | 4.1 |
| 程序员 | chéngxùyuán | 4.2 |
| 驰名 | chímíng | 8.1 |
| 持续 | chíxù | 3.1 |
| 筹备 | chóubèi | 1.1 |
| 出口 | chūkǒu | 8.3 |
| 初步 | chūbù | 5.1 |
| 处理 | chǔlǐ | 7.3 |
| 创汇 | chuànghuì | 3.3 |
| 创建 | chuàngjiàn | 1.3 |
| 创新 | chuàngxīn | 6.2 |
| 创业 | chuàngyè | 5.3 |
| 创意 | chuàngyì | 4.2 |
| 创造 | chuàngzào | 8.1 |
| 辞呈 | cíchéng | 7.3 |

# 生词总表

| 辞职 | cí zhí | 5.3 |
| 存款 | cúnkuǎn | 2.1 |
| 挫折 | cuòzhé | 7.3 |

## D

| 达成 | dáchéng | 7.1 |
| 打交道 | dǎ jiāodao | 1.2 |
| 大幅 | dàfú | 2.1 |
| 大有裨益 | dàyǒubìyì | 6.1 |
| 代理人 | dàilǐrén | 5.1 |
| 带动 | dàidòng | 3.2 |
| 贷款 | dàikuǎn | 2.1 |
| 待遇 | dàiyù | 5.1 |
| 担任 | dānrèn | 6.1 |
| 单刀直入 | dāndāozhírù | 4.1 |
| 当地 | dāngdì | 8.3 |
| 荡然无存 | dàngránwúcún | 2.3 |
| 档次 | dàngcì | 2.1 |
| 低廉 | dīlián | 8.1 |
| 低迷 | dīmí | 2.1 |
| 抵押物 | dǐyāwù | 2.2 |
| 底薪 | dǐxīn | 5.3 |
| 地板 | dìbǎn | 8.2 |
| 地摊 | dìtān | 8.1 |
| 帝国 | dìguó | 8.1 |
| 递交 | dìjiāo | 7.3 |
| 电力系统 | diànlì xìtǒng | 8.3 |
| 电子商务 | diànzǐ shāngwù | 5.3 |
| 店铺 | diànpù | 3.2 |
| 调查 | diàochá | 5.3 |
| 定位 | dìngwèi | 8.2 |
| 董事长 | dǒngshìzhǎng | 1.2 |
| 督导 | dūdǎo | 5.1 |
| 独资 | dúzī | 1.3 |
| 对手 | duìshǒu | 3.1 |

## F

| 发挥 | fāhuī | 6.2 |
| 反倾销 | fǎnqīngxiāo | 8.1 |
| 房地产 | fángdìchǎn | 5.3 |
| 纺织 | fǎngzhī | 3.3 |
| 分店 | fēndiàn | 3.1 |
| 分红 | fēn hóng | 5.3 |
| 分配 | fēnpèi | 5.3 |
| 分摊 | fēntān | 3.1 |
| 风险 | fēngxiǎn | 3.2 |
| 符合 | fúhé | 4.1 |
| 福利 | fúlì | 5.1 |
| 负面 | fùmiàn | 2.3 |

## G

| 改进 | gǎijìn | 7.1 |
| 概括 | gàikuò | 4.1 |
| 概率 | gàilǜ | 3.2 |
| 甘心 | gānxīn | 7.3 |
| 尴尬 | gāngà | 4.1 |
| 敢作敢为 | gǎnzuògǎnwéi | 4.2 |
| 干部 | gànbù | 6.1 |
| 岗位 | gǎngwèi | 4.1 |
| 高档 | gāodàng | 3.3 |
| 高端 | gāoduān | 8.2 |
| 工伤 | gōngshāng | 5.2 |
| 工商局 | gōngshāngjú | 1.1 |
| 工艺 | gōngyì | 1.3 |
| 工资 | gōngzī | 5.2 |
| 工作日 | gōngzuòrì | 2.2 |
| 公布 | gōngbù | 8.3 |
| 公务员 | gōngwùyuán | 5.3 |
| 功能 | gōngnéng | 8.3 |
| 供货 | gōng huò | 8.2 |
| 供应 | gōngyìng | 2.3 |
| 恭喜 | gōngxǐ | 1.2 |
| 共识 | gòngshí | 7.1 |
| 沟通 | gōutōng | 6.2 |
| 估算 | gūsuàn | 5.1 |
| 股东 | gǔdōng | 1.1 |
| 股份 | gǔfèn | 1.2 |

| | | |
|---|---|---|
| 股票 | gǔpiào | 4.3 |
| 顾问 | gùwèn | 5.3 |
| 雇佣 | gùyōng | 6.3 |
| 雇员 | gùyuán | 6.3 |
| 雇主 | gùzhǔ | 6.3 |
| 关键 | guānjiàn | 4.1 |
| 关联度 | guānliándù | 4.1 |
| 管理 | guǎnlǐ | 1.3 |
| 广告 | guǎnggào | 5.3 |
| 归根结底 | guīgēnjiédǐ | 6.1 |
| 规定 | guīdìng | 5.2 |
| 规模 | guīmó | 3.3 |
| 国际贸易 | guójì màoyì | 7.3 |
| 国企 | guóqǐ | 4.3 |
| 过程 | guòchéng | 6.3 |
| 过热 | guòrè | 2.1 |

## H

| | | |
|---|---|---|
| 行业 | hángyè | 5.3 |
| 耗材 | hàocái | 7.2 |
| 合同 | hétong | 2.2 |
| 合资 | hézī | 1.2 |
| 合作 | hézuò | 3.1 |
| 何去何从 | héqùhécóng | 7.3 |
| 户外 | hùwài | 6.2 |
| 划入 | huàrù | 1.1 |
| 环保 | huánbǎo | 8.2 |
| 环节 | huánjié | 6.3 |
| 回避 | huíbì | 7.1 |
| 回顾 | huígù | 7.2 |
| 汇报 | huìbào | 7.2 |
| 活期 | huóqī | 2.1 |
| 伙伴 | huǒbàn | 3.1 |
| 货币 | huòbì | 2.1 |

## J

| | | |
|---|---|---|
| 机械 | jīxiè | 8.3 |
| 基层 | jīcéng | 6.1 |
| 基准利率 | jīzhǔn lìlǜ | 2.1 |
| 急功近利 | jígōngjìnlì | 7.3 |
| 集装箱 | jízhuāngxiāng | 7.3 |
| 计量单位 | jìliàng dānwèi | 8.3 |
| 技能 | jìnéng | 4.1 |
| 技巧 | jìqiǎo | 6.3 |
| 技术含量 | jìshù hánliàng | 6.1 |
| 加班 | jiā bān | 4.3 |
| 加工费 | jiāgōngfèi | 8.1 |
| 加盟 | jiāméng | 3.1 |
| 加息 | jiā xī | 2.3 |
| 加薪 | jiā xīn | 5.2 |
| 家装 | jiāzhuāng | 8.2 |
| 价格战 | jiàgézhàn | 8.2 |
| 价位 | jiàwèi | 3.2 |
| 价值 | jiàzhí | 8.1 |
| 价值观 | jiàzhíguān | 6.1 |
| 监督 | jiāndū | 7.2 |
| 监管 | jiānguǎn | 4.3 |
| 兼职 | jiānzhí | 4.3 |
| 简历 | jiǎnlì | 4.1 |
| 奖金 | jiǎngjīn | 5.2 |
| 奖励 | jiǎnglì | 5.2 |
| 缴纳 | jiǎonà | 1.1 |
| 较量 | jiàoliàng | 6.1 |
| 教训 | jiàoxùn | 7.1 |
| 接待 | jiēdài | 6.3 |
| 截至 | jiézhì | 2.1 |
| 解雇 | jiěgù | 4.3 |
| 金额 | jīn'é | 2.1 |
| 金融 | jīnróng | 2.1 |
| 金字招牌 | jīnzì zhāopái | 3.2 |
| 津贴 | jīntiē | 5.1 |
| 进出口 | jìnchūkǒu | 1.2 |
| 进度 | jìndù | 6.3 |
| 进展 | jìnzhǎn | 7.2 |
| 经纪人 | jīngjìrén | 4.3 |
| 经济 | jīngjì | 6.3 |
| 经济学 | jīngjìxué | 6.3 |

# 生词总表

| 经营 | jīngyíng | 1.1 |
| 经营权 | jīngyíngquán | 3.1 |
| 精湛 | jīngzhàn | 1.3 |
| 景气 | jǐngqì | 4.3 |
| 竞选 | jìngxuǎn | 7.2 |
| 竞争 | jìngzhēng | 3.1 |
| 竞争力 | jìngzhēnglì | 6.3 |
| 就业 | jiù yè | 4.3 |
| 居然 | jūrán | 8.2 |
| 举棋不定 | jǔqíbúdìng | 7.3 |

## K

| 开业 | kāi yè | 1.1 |
| 开支 | kāizhī | 7.2 |
| 考核 | kǎohé | 5.1 |
| 客户 | kèhù | 2.2 |
| 空缺 | kòngquē | 7.3 |
| 控股 | kòng gǔ | 3.3 |
| 扣除 | kòuchú | 5.2 |
| 跨国 | kuàguó | 2.1 |
| 会计师事务所 | kuàijìshī shìwùsuǒ | 1.1 |
| 款式 | kuǎnshì | 1.3 |
| 扩大生产 | kuòdà shēngchǎn | 3.3 |

## L

| 劳动密集型产业 | láodòng mìjíxíng chǎnyè | 3.3 |
| 老板 | lǎobǎn | 1.1 |
| 累计 | lěijì | 2.1 |
| 理财 | lǐ cái | 2.3 |
| 理念 | lǐniàn | 1.3 |
| 利润 | lìrùn | 3.2 |
| 利息 | lìxī | 2.3 |
| 利息税 | lìxīshuì | 2.3 |
| 利益 | lìyì | 3.1 |
| 连锁店 | liánsuǒdiàn | 3.1 |
| 猎头 | liètóu | 7.3 |
| 临时 | línshí | 1.1 |
| 零售 | língshòu | 1.1 |
| 领导 | lǐngdǎo | 4.1 |
| 领悟 | lǐngwù | 4.2 |
| 流动资金 | liúdòng zījīn | 3.3 |
| 流水账 | liúshuǐzhàng | 7.1 |
| 垄断 | lǒngduàn | 5.3 |
| 录用 | lùyòng | 4.1 |
| 履行 | lǚxíng | 7.2 |
| 轮 | lún | 4.3 |
| 轮调 | lúndiào | 6.1 |
| 罗列 | luóliè | 7.1 |
| 逻辑 | luóji | 4.1 |
| 落伍 | luò wǔ | 6.1 |

## M

| 买单 | mǎi dān | 8.1 |
| 买断 | mǎiduàn | 3.3 |
| 买卖 | mǎimai | 1.2 |
| 慢半拍 | màn bànpāi | 6.1 |
| 贸易 | màoyì | 1.2 |
| 媒体 | méitǐ | 5.3 |
| 秘诀 | mìjué | 8.2 |
| 秘书 | mìshū | 4.3 |
| 面料 | miànliào | 1.3 |
| 面试 | miànshì | 4.1 |
| 面议 | miànyì | 3.3 |
| 民营企业 | mínyíng qǐyè | 3.3 |
| 名片 | míngpiàn | 1.2 |
| 模式 | móshì | 3.1 |
| 魔方 | mófāng | 4.2 |
| 默契 | mòqì | 6.2 |
| 目标 | mùbiāo | 7.1 |

## N

| 耐用品 | nàiyòngpǐn | 8.1 |
| 年度 | niándù | 5.3 |
| 年薪 | niánxīn | 5.1 |
| 凝聚力 | níngjùlì | 6.1 |

### O

| 欧元 | ōuyuán | 8.1 |

### P

| 排行榜 | páihángbǎng | 8.1 |
| 攀升 | pānshēng | 2.3 |
| 判断 | pànduàn | 6.2 |
| 培训 | péixùn | 3.1 |
| 配合 | pèihé | 6.2 |
| 配套 | pèi tào | 8.3 |
| 批发 | pīfā | 1.1 |
| 频繁 | pínfán | 2.3 |
| 品牌 | pǐnpái | 1.3 |
| 品质 | pǐnzhì | 1.3 |
| 凭借 | píngjiè | 7.3 |
| 破格 | pògé | 4.3 |

### Q

| 漆 | qī | 4.2 |
| 期满 | qīmǎn | 5.2 |
| 齐全 | qíquán | 3.3 |
| 旗下 | qíxià | 2.3 |
| 企业 | qǐyè | 1.1 |
| 启事 | qǐshì | 4.3 |
| 签订 | qiāndìng | 2.2 |
| 前景 | qiánjǐng | 3.3 |
| 前列 | qiánliè | 8.1 |
| 潜力 | qiánlì | 2.2 |
| 潜能 | qiánnéng | 6.2 |
| 欠缺 | qiànquē | 7.3 |
| 勤劳肯干 | qínláokěngàn | 4.2 |
| 求职 | qiúzhí | 4.3 |
| 区域 | qūyù | 3.1 |
| 趋势 | qūshì | 5.3 |
| 权利 | quánlì | 6.3 |
| 权威 | quánwēi | 4.3 |
| 全球化 | quánqiúhuà | 8.1 |
| 缺乏 | quēfá | 6.3 |
| 缺口 | quēkǒu | 6.2 |

### R

| 人际关系 | rénjì guānxì | 6.1 |
| 人力资源 | rénlì zīyuán | 4.1 |
| 人身意外 | rénshēn yìwài | 5.2 |
| 人事部 | rénshìbù | 4.3 |
| 人缘 | rényuán | 4.2 |
| 认可 | rènkě | 8.1 |
| 任职 | rèn zhí | 7.2 |
| 日新月异 | rìxīnyuèyì | 6.1 |
| 容量 | róngliàng | 6.3 |
| 融入 | róngrù | 3.1 |
| 入股 | rù gǔ | 1.1 |
| 入行 | rù háng | 3.2 |
| 软件 | ruǎnjiàn | 4.2 |

### S

| 筛选 | shāixuǎn | 4.1 |
| 商标 | shāngbiāo | 8.1 |
| 商务部 | Shāngwùbù | 2.1 |
| 上任 | shàng rèn | 7.3 |
| 上升 | shàngshēng | 3.3 |
| 上涨 | shàngzhǎng | 2.1 |
| 设备 | shèbèi | 1.3 |
| 设计 | shèjì | 6.3 |
| 设施 | shèshī | 3.3 |
| 申请书 | shēnqǐngshū | 2.2 |
| 审核 | shěnhé | 2.2 |
| 审美 | shěnměi | 8.3 |
| 审批 | shěnpī | 1.1 |
| 升职 | shēng zhí | 7.3 |
| 失落 | shīluò | 7.3 |
| 失业 | shī yè | 5.2 |
| 施工 | shī gōng | 7.2 |
| 时机 | shíjī | 7.3 |

## 生词总表

| 时尚 | shíshàng | 1.3 |
| 实地考察 | shídì kǎochá | 2.2 |
| 实力 | shílì | 7.3 |
| 实业 | shíyè | 3.3 |
| 实质 | shízhì | 4.1 |
| 事务 | shìwù | 7.3 |
| 试用 | shìyòng | 5.2 |
| 收尾 | shōuwěi | 7.2 |
| 收益 | shōuyì | 2.3 |
| 手续 | shǒuxù | 1.2 |
| 寿险 | shòuxiǎn | 5.1 |
| 受理 | shòulǐ | 2.2 |
| 受聘 | shòu pìn | 7.3 |
| 述职 | shù zhí | 7.1 |
| 数据 | shùjù | 7.1 |
| 刷 | shuā | 4.2 |
| 率先 | shuàixiān | 2.3 |
| 顺差 | shùnchā | 2.3 |
| 私下 | sīxià | 7.3 |
| 思路 | sīlù | 7.1 |
| 思维 | sīwéi | 4.1 |
| 素质 | sùzhì | 1.3 |

### T

| 淘汰 | táotài | 4.3 |
| 特许 | tèxǔ | 3.1 |
| 提成 | tíchéng | 5.3 |
| 提交 | tíjiāo | 2.2 |
| 提升 | tíshēng | 5.1 |
| 提要 | tíyào | 7.1 |
| 提职 | tí zhí | 7.1 |
| 体验 | tǐyàn | 6.2 |
| 天价 | tiānjià | 8.2 |
| 调控 | tiáokòng | 2.3 |
| 调整 | tiáozhěng | 2.1 |
| 挑战 | tiǎozhàn | 5.3 |
| 跳槽 | tiào cáo | 5.3 |
| 通货膨胀 | tōnghuò péngzhàng | 2.1 |
| 同比 | tóngbǐ | 2.1 |
| 同步 | tóngbù | 6.1 |
| 同类产品 | tónglèi chǎnpǐn | 8.3 |
| 同事 | tóngshì | 4.3 |
| 统计 | tǒngjì | 2.1 |
| 投标 | tóu biāo | 7.2 |
| 投产 | tóuchǎn | 3.3 |
| 投放 | tóufàng | 2.3 |
| 投入 | tóurù | 6.1 |
| 投资 | tóuzī | 1.2 |
| 突破 | tūpò | 3.2 |
| 团队 | tuánduì | 1.3 |
| 推销 | tuīxiāo | 5.1 |
| 脱销 | tuōxiāo | 8.2 |
| 拓宽 | tuòkuān | 6.2 |
| 拓展 | tuòzhǎn | 1.3 |
| 拓展训练 | tuòzhǎn xùnliàn | 6.2 |

### W

| 外观 | wàiguān | 8.3 |
| 外界 | wàijiè | 7.3 |
| 外贸 | wàimào | 2.3 |
| 网点 | wǎngdiǎn | 1.3 |
| 网络 | wǎngluò | 3.3 |
| 危机 | wēijī | 6.2 |
| 维持 | wéichí | 6.3 |
| 委托 | wěituō | 8.2 |
| 稳定 | wěndìng | 2.3 |
| 物价 | wùjià | 2.1 |
| 物有所值 | wùyǒusuǒzhí | 8.2 |

### X

| 系列 | xìliè | 4.1 |
| 系统 | xìtǒng | 3.1 |
| 下调 | xiàtiáo | 2.1 |
| 下降 | xiàjiàng | 5.3 |
| 显著 | xiǎnzhù | 5.3 |
| 险种 | xiǎnzhǒng | 5.1 |
| 现任 | xiànrèn | 7.3 |

|   |   |   |
|---|---|---|
| 先行 | xiānxíng | 2.1 |
| 现状 | xiànzhuàng | 4.1 |
| 限额 | xiàn'é | 1.1 |
| 向心力 | xiàngxīnlì | 6.1 |
| 项目 | xiàngmù | 3.3 |
| 象征 | xiàngzhēng | 6.3 |
| 消费 | xiāofèi | 2.1 |
| 消费者 | xiāofèizhě | 8.1 |
| 消耗 | xiāohào | 7.2 |
| 销路 | xiāolù | 8.3 |
| 销售 | xiāoshòu | 1.3 |
| 销售量 | xiāoshòu liàng | 3.3 |
| 效果 | xiàoguǒ | 6.3 |
| 效率 | xiàolǜ | 6.2 |
| 效益 | xiàoyì | 3.2 |
| 协调 | xiétiáo | 6.1 |
| 协议 | xiéyì | 3.2 |
| 协作 | xiézuò | 6.3 |
| 薪酬 | xīnchóu | 5.3 |
| 信贷 | xìndài | 2.1 |
| 信任 | xìnrèn | 2.2 |
| 信誉 | xìnyù | 3.3 |
| 兴隆 | xīnglóng | 1.2 |
| 雄厚 | xiónghòu | 8.3 |
| 需求 | xūqiú | 6.3 |
| 宣布 | xuānbù | 2.1 |
| 宣传 | xuānchuán | 7.2 |

### Y

|   |   |   |
|---|---|---|
| 延期 | yán qī | 2.3 |
| 央行 | Yāngháng | 2.1 |
| 养老 | yǎng lǎo | 5.2 |
| 要素 | yàosù | 4.1 |
| 业绩 | yèjì | 5.1 |
| 业务 | yèwù | 1.2 |
| 医疗 | yīliáo | 5.2 |
| 义务 | yìwù | 6.3 |
| 抑制 | yìzhì | 2.3 |
| 因素 | yīnsù | 4.3 |

|   |   |   |
|---|---|---|
| 引导 | yǐndǎo | 2.1 |
| 引进 | yǐnjìn | 3.3 |
| 应变 | yìngbiàn | 4.1 |
| 应聘 | yìngpìn | 4.1 |
| 营销 | yíngxiāo | 1.3 |
| 营业额 | yíngyè'é | 3.1 |
| 营业执照 | yíngyè zhízhào | 1.1 |
| 赢得 | yíngdé | 8.1 |
| 赢利 | yínglì | 3.1 |
| 佣金 | yòngjīn | 5.1 |
| 用户 | yònghù | 8.2 |
| 优势 | yōushì | 2.3 |
| 有限责任公司 | yǒuxiàn zérèn gōngsī | 1.1 |
| 有效 | yǒuxiào | 3.1 |
| 预测 | yùcè | 3.3 |
| 预计 | yùjì | 3.3 |
| 预期 | yùqī | 2.3 |
| 员工 | yuángōng | 1.2 |
| 原材料 | yuáncáiliào | 3.3 |
| 原料 | yuánliào | 8.2 |
| 允许 | yǔnxǔ | 7.1 |
| 运营 | yùnyíng | 3.1 |
| 运作 | yùnzuò | 3.1 |

### Z

|   |   |   |
|---|---|---|
| 造型 | zàoxíng | 8.3 |
| 增幅 | zēngfú | 2.3 |
| 账号 | zhànghào | 2.2 |
| 账户 | zhànghù | 1.1 |
| 招标 | zhāo biāo | 7.2 |
| 招聘 | zhāopìn | 4.1 |
| 招商 | zhāoshāng | 3.1 |
| 针对性 | zhēnduìxìng | 6.3 |
| 争取 | zhēngqǔ | 7.3 |
| 正视 | zhèngshì | 6.2 |
| 政策 | zhèngcè | 2.3 |
| 支付 | zhīfù | 2.2 |
| 知名度 | zhīmíngdù | 8.3 |

## 生词总表

| | | | | | | |
|---|---|---|---|---|---|---|
| 职工 | zhígōng | 3.3 | | 转账 | zhuǎn zhàng | 2.2 |
| 职位 | zhíwèi | 4.1 | | 赚取 | zhuànqǔ | 8.1 |
| 职务 | zhíwù | 5.3 | | 状况 | zhuàngkuàng | 6.3 |
| 职业 | zhíyè | 5.3 | | 咨询 | zīxún | 1.1 |
| 职员 | zhíyuán | 5.3 | | 资本 | zīběn | 1.1 |
| 指定 | zhǐdìng | 4.3 | | 资产 | zīchǎn | 1.3 |
| 制定 | zhìdìng | 8.3 | | 资格 | zīgé | 1.1 |
| 制度 | zhìdù | 5.1 | | 资金 | zījīn | 1.1 |
| 质量 | zhìliàng | 6.3 | | 资历 | zīlì | 5.3 |
| 致力 | zhìlì | 1.3 | | 资深 | zīshēn | 5.1 |
| 中间商 | zhōngjiānshāng | 8.3 | | 资源 | zīyuán | 4.1 |
| 中标 | zhòng biāo | 7.2 | | 自有品牌 | zìyǒu pǐnpái | 8.1 |
| 主动 | zhǔdòng | 7.3 | | 自主创新 | zìzhǔ chuàngxīn | 8.1 |
| 主管 | zhǔguǎn | 4.3 | | 自主开发 | zìzhǔ kāifā | 8.1 |
| 主任 | zhǔrèn | 1.2 | | 自主知识产权 | zìzhǔ zhīshi chǎnquán | 8.1 |
| 助理 | zhùlǐ | 4.2 | | | | |
| 注册 | zhùcè | 1.1 | | 综合 | zōnghé | 6.3 |
| 祝贺 | zhùhè | 7.3 | | 总部 | zǒngbù | 3.1 |
| 专家 | zhuānjiā | 7.3 | | 总裁 | zǒngcái | 8.1 |
| 专利 | zhuānlì | 8.1 | | 总店 | zǒngdiàn | 3.2 |
| 转存 | zhuǎncún | 2.3 | | 总结 | zǒngjié | 7.1 |
| 转让 | zhuǎnràng | 3.1 | | 组织 | zǔzhī | 6.2 |